[英] 温斯顿·丘吉尔—著　　李国庆等—译

CHURCHILL'S MEMOIRS OF WORLD WAR II

丘吉尔二战回忆录

坚决抗争

SPM 南方传媒 ｜ 广东人民出版社

· 广州 ·

图书在版编目（CIP）数据

坚决抗争 /（英）温斯顿·丘吉尔著；李国庆等译.
广州：广东人民出版社，2024.8. --（丘吉尔二战回忆
录）. -- ISBN 978-7-218-17963-6

Ⅰ. K835.617=5；K152

中国国家版本馆 CIP 数据核字第 20243549PN 号

QIUJI'ER ERZHAN HUIYILU·JIANJUE KANGZHENG

丘吉尔二战回忆录·坚决抗争

［英］温斯顿·丘吉尔 著　李国庆等 译　　版权所有　翻印必究

出 版 人：肖风华

责任编辑：范先鋆　唐　芸
责任技编：吴彦斌
封面设计：贾　莹

出版发行：广东人民出版社
地　　址：广州市越秀区大沙头四马路 10 号（邮政编码：510199）
电　　话：（020）85716809（总编室）
传　　真：（020）83289585
网　　址：http://www.gdpph.com
印　　刷：三河市人民印务有限公司
开　　本：787 毫米 × 1092 毫米　1/16
印　　张：11.5　字　　数：166 千
版　　次：2024 年 8 月第 1 版
印　　次：2024 年 8 月第 1 次印刷
定　　价：58.00 元

如发现印装质量问题，影响阅读，请与出版社（020-87712513）联系调换。
售书热线：（020）87717307

《丘吉尔二战回忆录》 译者

（排名不分先后）

李国庆	张　跃	栾伟霞	曾钰婷	刘锡赟	张　妮
李楠楠	汤雪梅	赵荣琛	宋燕青	赖宝滢	张建秀
夏伟凡	王　婷	江　霞	王秋瑶	郑丹铭	姜嘉颖
郭燕青	胡京华	梁　楹	刘婷玉	邓辉敏	李丽枚
郭轶凡	郭伊芸	韩　意	李丹丹	晋丹星	周园园
王璐珽					

战争时： 意志坚定
战败时： 顽强不屈
胜利时： 宽容敦厚
和平时： 友好亲善

致　谢

在此，我必须再一次向协助我完成第一卷书①的人表示感谢，他们是：陆军中将亨利·波纳尔爵士、艾伦海军准将、迪金上校、爱德华·马什爵士、丹尼斯·凯利先生和伍德先生。我也要感谢很多帮忙审阅原稿并给出意见的人。

伊斯梅勋爵和我的朋友也一直在帮助我。

我还要感谢英王陛下政府准许我复制那些官方文件，按照法律，这些文件的王家版权归英王陛下政府文书局局长所有。为了安全起见，我谨遵英王陛下政府的要求，将本卷②出现的一些电报进行了改写，但这并未改变其语气和本质。

---

① 原卷名为"铁血风暴"，现分为《愚行与危机》《进逼与绥靖》《从蚕食到大战》《晦暗的战局》以及《欧陆沦陷》第一章。——编者注

② 原卷名为"最光辉的时刻"，现分为《欧陆沦陷》《坚决抗争》《孤军奋战》《纵横捭阖》以及《海陆鏖战》前两章。——编者注

前　言

　　在本卷（《欧陆沦陷》《坚决抗争》《孤军奋战》《纵横捭阖》，以及《海陆鏖战》前两章）所涉及时期内，我肩负着重任。我身为首相，同时兼任第一财政大臣、国防大臣和下议院议长。起初的四十天里，我们是孤独的。当时，德国大胜；意大利向我们发动致命一击；日本于我们而言又是潜在的未知威胁。然而，英国战时内阁在议会、政府、英联邦和帝国的支持下，坚定不移地效忠于英王陛下并出色地完成了各项任务，最终战胜了我们所有的敌人。

温斯顿·丘吉尔

于肯特郡，韦斯特勒姆，恰特韦尔庄园

1949 年 1 月 1 日

目 录
CONTENTS

ONE

法国的苦难

形势恶化——赫里欧先生和让纳内先生的坚决态度——"被命运选中的人"——给雷诺的电报——"英国和法国的永久联盟"——法军战败——我们微小的贡献——布鲁克将军的新指挥权——关于在布列塔尼半岛设立桥头阵地的会谈——布鲁克宣称局势已无可挽回——贝当政府请求停战——第二次敦刻尔克撤退——"兰卡斯特里亚"号惨剧

后来的人可能会发现，战时内阁从来没有正式讨论过这一重要议题，即英国是否会单独作战？当然会，这是国内所有政党的一致心声。这一问题之所以没有被提上议程是因为我们当时实在是太忙了，没有时间浪费在这种空洞的、不切实际的问题上。我们众志成城，对于未来也信心满满。我们决定将这一切告诉各自治领，有人让我写封信给罗斯福总统表达我们的想法，还有人让我向法国表达我们将继续竭尽所能支援法国的决心。

前海军人员致罗斯福总统：

昨晚和今天早上我都在法国最高统帅部，魏刚将军和乔治将军郑重其事地向我说明了眼下的局势。相信布利特先生已经向你汇报了详细情况。魏刚将军汇报称，一旦法军防线被攻破，巴黎落入敌人之手，"协同作战"便不可能继续下去，届时我们又该如何呢？贝当元帅已经年迈（在1918年4月至7月间表现平平），我担心他已经准备拉下脸，同德国签订丧权辱国的条约。然而，雷诺主张继续对德作战，戴高乐

（雷诺手下的一名年轻人）也认为未来仍有希望。海军上将达尔朗称，他会将法国舰队送往加拿大，因为一旦法国的两艘新式巨舰落入敌军手中，后果将不堪设想。我敢肯定，一定有很多法国人想要继续战斗（不管是在法国本土还是在法国殖民地，抑或是同时在上述两个地区）。因此，现在该你出场了，你应尽力说服雷诺，让他坚定继续战斗下去的决心。相信你和我一样，十分清楚该做什么，但我在此还是斗胆向你提出这点要求。

1940 年 6 月 12 日

*　　　*　　　*

6 月 13 日，我最后一次访问法国，几乎是四年前的同一时间，我也曾访问法国。此时，法国政府已经撤出巴黎，迁往图尔，眼下的形势也越来越危急。此次法国之行，我带上了爱德华·哈利法克斯和伊斯梅将军，马克斯·比弗布鲁克勋爵也自愿随我前来。在面临困境时，马克斯总是很有活力。此时，天空万里无云，我们在"飓风"式战斗机中队的护航下，比之前绕了好大一圈向南迂回飞行。到达图尔上空时，我们发现该机场昨晚遭到敌军的猛烈空袭，地上全是密密麻麻的弹坑，但我们一行还是平安着陆了。一下飞机，我们便感受到了事态的严峻。没有人来迎接我们，好像压根就没有人希望我们来。我们从机场指挥官那里借了一辆军用车，驱车前往市政府，当时的法国政府总部就在那里。到那之后，我们没有见到主要领导人，据称，雷诺正从乡下驱车赶来，曼德尔很快也会到。

当时已经快下午两点了，我提议先吃午饭，一番商议之后，我们驱车前往餐馆。当时的街上挤满了逃亡的车辆，大部分车顶上都放着毯子，车里塞满了行李。最后，我们找到了一家小餐馆，当时这家餐馆已经打烊，在说明了我们的来意后，他们答应做些吃的给我们。就餐过程中，博杜安先生前来拜访，他在法国外交部任职，现在的影响

力日益提升。他随即用温和的口吻说道，倘若美国对德宣战，法国或可继续战斗下去，否则根本没有希望。他想问问我的看法。我没有和他就这个问题继续讨论下去，我只说我希望美国能够参战，而且我们肯定会继续战斗下去。后来有人告诉我，他曾到处宣扬称，我也同意让法国在美国未参战的情况下投降。

随后，我们又返回市政府，此时，内务部部长曼德尔已经在那里等我们。他之前曾是克雷孟梭的忠诚的秘书，后来接过了克雷孟梭的衣钵。他是活力的化身，看起来精神很好，身上洋溢着永不服输的信念。他还没吃午饭，身前的托盘上放着一只美味可口的烤鸡。他就像是一道阳光。此刻，他两只手各拿一个电话，通过电话不停地发号施令。他的意图很简单：在法国奋战到底，以便掩护法军撤往非洲。这是我最后一次见到这位英勇的法国人。后来，他被人雇凶杀害了。法兰西共和国光复后，凶手被枪决。他在同胞和盟友们之间享有很高的威望。

不一会儿，雷诺先生也赶到了。起初他显得特别郁闷，魏刚将军已经向他汇报了法国陆军的情况，此刻法国陆军已经筋疲力尽。眼下，法军的防线已千疮百孔，国内的各条公路上挤满了难民，士兵们也已开始慌乱。法军总司令认为应在还有足够的法军维持秩序到和平来临的时候请求停战，这也是军方的想法。他准备今天再给罗斯福先生写封信，告诉他最后时刻已经到来，盟军的命运此刻已完全掌握在美国手中，法国眼下只有两个选择，要么停战，要么和谈。

紧接着，雷诺先生又说，前天法国内阁让他问我，倘若最糟糕的时刻到来，英国的态度又将如何？他本人还记得我们双方的神圣誓言：英法两国决不能单独同德国媾和。魏刚元帅和在座的各位指出：法国已经为此牺牲了一切，此刻变得一无所有，但不可否认的是法国成功地消耗了德军的兵力。倘若英国无视法国已无力抵抗的事实，要求法军继续战斗下去，任凭那些随意摆布战败国家人民的专家们肆意妄为，法国人民的命运又将如何？倘若英国果真这么想，那必定让人十分震惊。那么现在的问题是，英国是否已经认清目前法国所面临的严峻形势？

关于这场会议的内容，下文是英国官方版本：

丘吉尔先生说英国早已意识到法国所做的牺牲，并对眼下法国面临的形势表示理解。现在是时候让英国来承担这一切了，我们也已经做好了准备。尽管我们已经竭尽所能按既定方针行事，但北方各集团军依然遭遇溃败，这让我们深深地认识到，迄今为止，英国对陆战的贡献甚小。英国还没有遭到德军的踩躏，但我们知道敌人的力量有多么强大。然而，英国自始至终只有一个念头，那就是打赢这场仗，消灭希特勒主义。我们愿意为这个目标付出一切，不管过程有多么艰苦，我们都不会后悔。丘吉尔先生说他相信英国人民有能力忍受一切痛苦，会一直战斗下去，直至彻底打败敌人。因此，英国人希望法国能在巴黎以南地区继续战斗下去，如有需要，也应在北非继续作战，不惜一切代价，以争取时间。当然，这一切的坚持并不是毫无盼头，美国的一个声明就可以扭转局势，如若不然，法国将注定灭亡。同希特勒和谈是不会有好结果的，因为他根本就不会遵守诺言。强大的法兰西帝国仍拥有强大的海军，其陆军也可以继续发动大规模的游击战争。倘若法国愿意继续战斗，倘若德国未能如愿以偿地毁灭英国（如果不能毁灭英国，德国就要遭受失败），倘若强大的德国空军败落，那么纳粹德国也将轰然崩溃。如果美国此刻愿意施以援手，或者参战，那么我们离胜利也就不远了。不管怎样，英国都会继续战斗下去，我们绝不媾和，绝不投降的决心永远都不会变。因此，英国将誓死战斗，直至取得最终的胜利。这便是丘吉尔先生对雷诺先生的回应。

雷诺先生说他从来没有怀疑过英国的决心。然而，他很想知道，倘若有意外情况发生，英国政府会作何反应？法国政府（现任政府抑或是将来的政府）可能会说："我们知道

你们会继续战斗。如果我们能看到胜利的希望，我们也会继续战斗。但眼下我们看不到希望。我们不能指望美国会施以援手。我们看不到希望的曙光，但我们不能抛弃我们的民众，让他们遭受德国统治者的踩躏。我们必须要与德国和谈，别无选择……"此刻为时已晚，我们已经无法在布列塔尼半岛建立防御阵地。现如今，法国的每一寸领土都难逃德国魔掌……因此，他们现在的问题是："法国已经贡献了自己的全部力量，包括它的青春和鲜血，法国已经无能为力，已经没有什么能为我们的共同事业付出的了，因此，我们有权单独和德国媾和，这并不违反我们三个月前与你们订立的团结抗战的神圣合约，不知你是否同意以上的说法？"

丘吉尔先生说，无论如何，英国绝不会将时间和精力浪费在和法国相互指责上。当然，这并不意味着英国同意了法国的行为。现在，雷诺先生应当向罗斯福总统汇报当下的局势，在美国给出答复前不要轻举妄动。如果英国赢得了战争，法国的光复也指日可待。

但我认为这一问题仍然十分严峻，因此我提出要和我的同事们商议之后才能给出最终答案。于是，我和哈利法克斯勋爵和比弗布鲁克勋爵等一行人来到一个潮湿但充满阳光的花园里，就此事商议了半个小时。回到会议室后，我又重申了我们的立场：无论将来发生什么，英法两国都不能单独同德国媾和，我们的目标依然是彻底打败希特勒，我们坚信我们可以实现这一目标。因此，我们不赞成法国违背之前的诺言，想要单独同德国媾和。无论将来发生什么，我们都不会责怪法国，但这不代表我们同意法国同德国和谈，这二者有本质上的区别。我督促法国人再一次向罗斯福总统求助，对此，伦敦也会予以援助。雷诺先生同意这么做，他保证，在美国给出确切答复之前，法国一定会坚持战斗。

离开之前，我还向雷诺先生提了一个请求。现有超过四百名德国飞行员（其中很大一部分是被英国皇家空军击落的）被囚禁在法国，鉴于目前的形势，这批德国飞行员最好由我们接管。雷诺先生应允了，但很快，由于他的辞职，这件事也就此作罢。这些德国飞行员后来又参加了不列颠空战，我们也不得不再一次将他们击落。

*　　　*　　　*

谈话结束后，雷诺先生把我们领到隔壁房间，下议院议长赫里欧先生和参议院议长让纳内先生都坐在屋里。这两位爱国主义者都慷慨激昂地说要誓死战斗。随即，我们穿过走廊朝院子里走去，戴高乐将军此时正面无表情地站在门口。我低声用法语同他打招呼："被命运选中的人。"他并没有做出任何回应。院子里有一百多位法国主要领导人，脸上都写满了恐惧和痛苦。有人把克雷孟梭的儿子领来见我，我握了握他的手。"飓风"式飞机已经在空中翱翔，飞机飞得很快很稳，我沉沉地睡去。幸好我在飞机上睡了一觉，因为回去之后还有很多工作要做。

*　　　*　　　*

我们于下午五点半左右离开图尔，随后，雷诺先生又在冈惹召开了内阁会议。由于我和我的同僚们没有出席，他们十分恼怒。我们倒是很愿意参加，大不了迟点回英国，但事实上，根本没有人邀请我们参加这次会议，我们对此也一无所知。

这次会议上，法国人决定将政府迁往波尔多。雷诺在冈惹给罗斯福发了封电报，急切呼吁美国参战，即便不参战，美国也至少应派出舰队支援法国。

当晚十点十五分，我向内阁做了汇报，随我一起出访法国的两位同僚对我的汇报表示认可。会议尚未结束，肯尼迪大使便将罗斯福总统对雷诺 6 月 10 日写的那封信的回复交到了我们手中。

罗斯福总统致雷诺先生：

你 6 月 10 日的来信深深地打动了我。我已经同你和丘吉尔先生说过，美国政府正在竭尽所能，为盟国政府提供急缺的物资支持，不仅如此，我们还打算将所有的援助物资加倍。我们之所以这么做是因为我们理解并支持你们为之奋战的信念。

英法联军的英勇抵抗给美国人民留下了深刻印象。

就我个人来说，你的宣言给我留下了很深的印象。你说即便法国不得不逐渐撤到北非或大西洋，你们也会代表民主国家继续战斗下去。你们一定要记住，英法舰队必须牢牢掌握大西洋和其他海域的制海权，同时，必要的外部物资援助对于维持军队供给是十分必要的。

英国首相丘吉尔数天前所做的关于大英帝国将继续战斗的演说也十分振奋人心，我相信势力遍布世界的法兰西帝国也一定有着同样的决心。历史告诉我们，海军在处理世界性事务中依然发挥着很重要的作用，想必海军上将达尔朗对这一点十分清楚。

1940 年 6 月 13 日

我们一致认为罗斯福总统已经做得够多了。他授权雷诺先生将其 6 月 10 日的来信公之于众，这意图已经十分明显，现在他又给了这样一个振奋人心的回复。倘若法国能够继续奋战下去，美国肯定会参战。不管怎样，这封回信里包含了两点相当于参战的声明：第一，物资援助的承诺，这是一种积极意义上的帮助；第二，呼吁法国政府继续奋斗，即便政府被迫迁出法国也要继续战斗下去。见信后，我立马向罗斯福总统表达我们最诚挚的谢意，同时也极力赞扬总统先生给雷诺的回信。或许我不应过度强调这些，但眼下我们十分有必要充分利用我们已有的和即将得到的一切。

前海军人员致罗斯福总统：

　　肯尼迪大使应该已经向你汇报了我们今天同法国在图尔召开的会议，我给他看了我们的会议记录。我不想夸大这次会议败笔的地方，这已经不重要了。魏刚提出应在还有足够法军避免让法国陷入混乱的时候请求与德国停战，雷诺也说法国已经牺牲得太多了，他问英国是否同意让法国单独与德国媾和。尽管我们此前并未贡献太多力量，但我依然毫不犹豫地以英国政府的名义反对法国同德国停火或是单独媾和。我提议在雷诺给你和美国政府发出呼吁之前暂且不要讨论这一话题，与此同时，我本人也向美国政府发出呼吁。在这一点上，我们达成了一致意见，雷诺和他的阁员们的心情也好了一些。

　　雷诺强烈地感受到，倘若没有胜利的希望，他也无力鼓舞法国人民继续战斗下去。因此，我们此刻只能寄希望于你，希望你能尽力说服美国政府。他说，他们期待能够看到希望的曙光。

　　我们还在返回英国的途中时，你就给了回复。一回到英国，肯尼迪大使便把这封电报交到我手中。对于你的答复，英国内阁感激万分，他们让我替他们向你表示诚挚的谢意。但是总统先生，我认为明天（6月14日）应将你的回信刊登出去，这或能改变世界历史的进程，我相信这一定能阻止法国接受希特勒的诡计（同法国和谈）。一旦法国同德国和谈，德国就可以毁灭英国，这样，希特勒在征服世界的进程中又向前迈了一大步。如果法国放弃抵抗，那么你信中谈到的关于未来的种种战略上的、经济上的、道德上的长远计划都将落空。因此，我强烈建议应马上刊登你的回信。我们充分意识到，倘若希特勒发现不能在法国实施纳粹式的伪和平，他肯定会将愤怒转嫁到我们头上。我们已做好准备，将竭尽所能抵御德国入侵。倘若我们胜利了，通往新世界的大门也终将打开，所有的愿望都会实现。

1940 年 6 月 13 日

我给雷诺先生也发了一份电报：

> 罗斯福总统回复了你于 6 月 10 日写的那封信，我们一回到英国便收到了一份副本。看完之后，英国内阁一致认为这封回信意义非凡，它将鼓舞法国履行自己曾于 6 月 10 日许下的誓言（即在巴黎前面战斗、在巴黎后面战斗、在每一个省战斗，如有必要，还应在非洲、在大西洋战斗）。美国已经承诺将提供双倍的物资援助，这就是在劝导法国：即便眼下正处于你所提到的最黑暗的时刻，也应继续战斗。倘若法国遵从罗斯福总统的意见，继续战斗，我们认为美国很快就会跨出最后一步，宣布成为交战国，实际上美国早有交战国之实了。美国宪法不允许美国总统单独宣战，这一点相信你十分清楚，但如果法国能按照罗斯福的想法去做，我们相信美国迟早会对德宣战。我们想将罗斯福总统的回信刊登出去，我们正在征求总统先生的同意。就算他一两天内不会同意，这也没关系，这封信也已记录在案，可以作为你们行动的依据。因此，我在这里向你和你的同僚们（你们的决心让我们十分敬仰）提出请求，请你们不要错过这次世界范围内的跨海经济联合的好机会，这一联合必将对纳粹统治造成致命的打击。眼下，我们已经有了明确的计划，我们也看到了希望的曙光。

1940 年 6 月 13 日

最后，我应内阁请求，又给法国政府发了一封正式的电报，给他们加油打气，在这封电报中，我第一次提到了坚不可摧的英法联盟。

首相致雷诺先生：

　　对于英法两国及他们为之奋斗的自由和民主事业来说，眼下形势十分危急。鉴于法军不畏艰难、继续作战的毅力，英王政府向法兰西共和国政府致以最崇高的敬意。这正是法国光荣传统的最好体现，法军给敌方造成了惨痛的损失。大不列颠将继续尽自己所能支援法国。我想借此机会重申：大英帝国和法兰西帝国的联盟，以及两国人民之间的友谊永远不会中断。我们不知道我们的民族在不久的将来会面临什么样的考验，但我肯定，所有的困难只会让我们更加团结、更加坚定。我们再次向法兰西共和国重申我们的诺言：我们会不顾一切继续在法国、在英国、在海上、在空中等一切地方继续战斗，我们会竭尽所能，利用一切资源加入战后重建工作。我们永远不会停止战斗，直到法国迎来最终的和平并恢复以往的光彩，直到所有遭到侵略和奴役的国家和民族得到自由，直到我们彻底摆脱纳粹主义的梦魇，直到文明之光再一次升起。我们比以往任何时候都更加坚信，这一天终将到来，或许会来得比我们预期得还要快。

1940 年 6 月 13 日

　　这三封电报是我在 13 日晚上睡前亲自起草的，说是 13 日晚，其实是 14 日凌晨。

　　第二天，罗斯福总统发来电报，拒绝了我们提出的关于刊登他给雷诺的回信的请求。肯尼迪先生说，总统本人十分乐意这么做，国会也理解他的看法，但还是觉得太冒险。总统先生感谢我向他汇报了图尔会谈的内容，并就英法士兵的英勇对两国政府表示赞扬。他保证将尽可能提供物资援助，但他又说，他已经让肯尼迪大使告知我，14 日的回信并不代表美国会采取任何军事上的行动，美国也不会采取任何军事行动。美国宪法规定，除了国会，没有任何个人和组织享有宣战权。罗斯福十分关心法国舰队问题，在他的要求下，美国国会已经拨

款五千万美元，用于给法国难民提供食物和衣物。最后，他就我对美国的信任表示感谢，因为我在此前的电报中提到，一旦美国参战将扭转当前的不利形势。

这是一封令人失望的电报。

我们深知罗斯福总统的困境，他有可能会因此被指控越过宪法允许的界定和限制，从而在即将到来的总统选举中落败。一旦罗斯福总统落选，我们的命运该何去何从，以及很多其他事情都将成为未知数。我相信，眼看世界自由事业岌岌可危，罗斯福总统一定愿意为此奉献自己的生命，更不用说权力了。但即便他牺牲了，又能带来什么好处呢？虽然隔着大西洋，但我仍然能够感受到他的苦楚。他面临的困难虽然和波尔多或伦敦面临的困难不同，但同样很痛苦。

我在给罗斯福总统的回电中列举了一些论点供他参考，他可以用来告诉别人，一旦欧洲和英国陷落，美国也将自身难保。现在不是感情用事的时候，此乃生死存亡的危急关头。

前海军人员致罗斯福总统：

对于你的来电，我十分感激，我已经将其中的关键信息和一些稍微乐观的想法转达给雷诺。我敢肯定，对于不能刊登你的来电一事，他一定十分失望。我明白，你要应对美国公众舆论和国会的压力，但如果事情继续按照这样的速度发展下去，到时候就不是舆论能够左右的了。不知你是否想过，希特勒会以什么样的条件和法国和谈？他可能会说"将你们的舰队完整地交出来，这样我就让你们保有阿尔萨斯和洛林"；或者说"如果你们不把舰队交出来，我就将法国夷为平地"。就我个人而言，我深信美国迟早会参战，但眼下正值法国生死存亡之际，美国的一个"可能会在必要时参战"的宣言便可以挽救法国于水火之中，如若不然，数天之内，法国便将无力抵抗，英国也不得不孤军作战。

倘若英国战败，我和现任政府一定会将英国舰队送往大

西洋彼岸。但倘若现任政府被迫下台，只要英国愿意成为德意志帝国的傀儡便可换来英伦三岛的平安，相信到时候英国肯定会成立亲德政府与德国和谈。届时，这个千疮百孔、饥寒交迫的民族将不可避免地屈服于纳粹的意志。我之前曾向你提到过，英国舰队的命运将决定美国的前途，因为一旦将英国舰队和日本、法国以及意大利的舰队整合，再辅以德国的工业实力，希特勒将手握庞大的海上力量。当然，他可能会循序渐进地使用这些力量，但也可能不会。海上势力的变革可能会十分迅速，快到令美国猝不及防。一旦英国战败，欧洲大陆上将成立听从纳粹摆布的欧洲合众国，其数量之众，力量之强，装备之精良，远非美国所能及。

总统先生，我相信凭你的洞察力，你一定早已对我说的这些问题有所察觉，但我觉得还是要将我的想法记录在案：英法两国的前途将直接关系到美国的利益。

我让肯尼迪大使给你送去一份海军参谋部制定的英国驱逐舰情况表，供你参考。倘若我们将大量驱逐舰部署在东部海岸防止敌军入侵，我们如何阻止德意两国向我们赖以生存的食物和贸易线发动袭击呢？我之前就向你提过，我们新生产的驱逐舰要于年末才能出厂，倘若美国愿意支援英国三十五艘驱逐舰，我们便可以弥补这一短缺。这是你们马上能够做到的，且可能会起到决定性作用，我希望你能仔细思考我说的话。

1940 年 6 月 14 日—15 日

* * *

与此同时，法国的战况也越来越糟。德军在巴黎西北部发起行动，歼灭了我军第五十一师。6 月 9 日，德军已经抵达塞纳河和瓦兹河下游。南岸地区，由法国第十和第七集团军残部匆忙组织起来的防线也被敌军攻破，为了填补这一缺口，法国首都守军，即所谓的巴黎兵团，开出巴黎，加入战斗。

再往东去，埃纳河沿岸的第六、第四和第二集团军情况要好很多。他们有三周的时间建造防御阵地，且有增援部队前来支援。敦刻尔克撤退期间和敌军向鲁昂地区推进的这段时间内，他们基本上没有受到干扰，但相比于他们把守的一百英里防线来说，他们的力量还是太弱。敌军集结了大量兵力准备朝他们发动最后一击。6月9日，该地区落入敌军手中。尽管法军仍在顽强抵抗（法军此刻的行动十分坚决），德军还是在埃纳河南岸苏瓦松到雷代尔一带建立了桥头阵地，随后两天，这一阵地又扩展至马恩河地区。在向沿海地区推进过程中，立下汗马功劳的德国装甲师此刻也已渡过埃纳河，投入新的战斗。八个装甲师向法军发起两次冲击，让法军一败再败，溃不成军。法军数量骤减，军队指挥混乱，已经无法抵抗在数量上、装备上和策略上全面占优的敌军发起的进攻。6月16日，敌军仅用时四天便抵达奥尔良和卢瓦尔河，与此同时，东部地区的德军也发动猛攻，穿过迪戎和贝桑松地区，就快抵达瑞士边境了。

巴黎西部地区，第十集团军余部（不足两个师）被迫从塞纳河往西南方向退到阿朗松。14日，巴黎陷落，负责保卫巴黎的第七集团军和巴黎兵团也被击散。德军在法军防线上切开一个口子，将西部的少量英法部队与曾经盛极一时的法国陆军余部隔开。

此时，马奇诺防线的情况怎么样？6月14日前，该防线未遭到任何攻击，作战部队已经抛下守军，随防线中部的军队迅速回撤，但为时已晚。当日，萨尔布吕肯地区的防线被敌军攻破，德军从科耳马尔附近穿过莱茵河，撤退中的法军陷入苦战，无法脱身。两天之后，敌军攻破贝桑松，切断法军后路。四十万法军被敌军包围，已无逃脱希望。许多被包围的守军仍在拼命抵抗，拒绝投降，直至法国与德国签订停火协议后，法国军官才下令让他们放弃抵抗。6月30日，最后一批法军遵守指示向德国投降，此时指挥官还抗议称他负责的防线依然完好无损。

　　至此，法国防线上的大量无组织的战役已经告一段落。至于英国在其中所起的微弱作用，我将在后文加以叙述。

＊　　　＊　　　＊

　　布鲁克将军在敦刻尔克大撤退中就曾立下赫赫战功，在填补因比军投降而出现的缺口上表现尤为突出。因此，在戈特勋爵重新执掌英国远征军前（等法国有充足的英国部队时），我们让他担任在法英军和所有增援部队的指挥官。布鲁克现已抵达法国，并于 14 日会见了魏刚将军和乔治将军。魏刚称法军已如一盘散沙，无力组织有规模的抵抗。法国陆军被斩成四节，第十集团军位于最西部。魏刚将军告诉布鲁克，盟国已经同意在布列塔尼半岛建立桥头阵地，建立一条从南到北，穿过雷恩的防线，由英法联军共同把守。布鲁克负责雷恩地区的防线。布鲁克将军指出这条防线有一百五十英里长，至少需要十五个师防守。魏刚将军说这是命令。

　　6 月 11 日，我和雷诺确实在布里阿尔达成协议，试图在布列塔尼半岛下方建立一条类似"托里什·韦德拉什"①的防线。然而，随着时间的推移，这个计划也被抛之脑后，尽管这一计划确实行之有效，但从未付诸实施。总的来说，这一想法是好的，但眼下的形势不允许我们这么去做。一旦法军主力被击垮，德军必然集中火力向这一阵地发起攻击，这一防线（虽然很有价值）也坚持不了多久。但只要能够争取几周时间，法国便还能与英国保持联系，大量法军也将得以从前方（此刻已沦为焦土）战线撤回非洲。倘若法军要继续战斗下去，那么他们只能在布雷斯特半岛和像孚日那样的林区或山区继续战斗。否则，法国就得投降，因此，谁都没有理由嘲笑在布列塔尼半岛建立桥头阵这一想法。日后，艾森豪威尔（此时只是一个不知名的美国上

---

　　① 从 1809 年 10 月开始构筑的，以防线中前沿的托里什·韦德拉什镇命名。由三条筑垒防御链组成，屏障葡萄牙首都里斯本的以北防线。——译者注

校）率领盟军花了极大的代价为我们夺回这一阵地。

布鲁克将军在和法军指挥官们谈话后回到自己的指挥部，当看到急转直下的局势后，他向陆军部汇报，并打电话给艾登先生说，眼下的局势已回天乏术，应停止增援，并立即让十五万英国远征军残余部队重新登船，准备撤退。因为怕我过于固执，他于 6 月 14 日晚给我打了通电话。幸运的是，虽然过程费了一番周折，但电话终于通了。他向我表达了他的看法。我听得十分清楚，他花了十分钟才终于将我说服，使我同意他的看法——远征军必须撤回国内。于是，我便下令让他不用再听从法军司令部的指挥，并开始将大量物资、装备和士兵运回国内。刚刚登陆的加拿大师先头部队也重新上船，第五十二师（除一百五十七旅）由于到目前为止尚未采取任何行动，也撤回布雷斯特。除法国第十集团军指挥的部分英军未撤退外，其余英军全部在布雷斯特、瑟堡、圣马洛和圣纳泽尔登船。6 月 15 日，剩余英军也不再听从法国第十集团军指挥，并于 16 日开始向南边的瑟堡撤退。一百五十七旅在经历苦战过后，于当晚突围，并乘卡车撤退，在 6 月 17 日夜里至 6 月 18 日凌晨全部登船。6 月 17 日，贝当政府请求与德国停战，并在没有通知我军的情况下命令所有法军停止抵抗。因此，我们下令让布鲁克将军尽其所能，让所有士兵和装备登船。

此刻，敦刻尔克大撤退的那一幕重新上演，只是这次撤退使用的舰只要大些。两万多名拒绝投降的波兰士兵也跑到海边，我们也将其带回英国。德军千方百计地追击我方军队。18 日清晨，我们的后卫部队在港口南部十英里的地方与德军遭遇。最后一艘船于当天下午四点驶离，此时敌军距港口仅三英里之遥，只有少数英军被俘。

此次行动中，我们从法国各港口撤回十五万六千名士兵（英军十三万六千名，其余为波兰士兵）和三百一十门大炮。这要归功于布鲁克将军领导的撤退小组，其中有一名叫德·方布兰克的军官因过度辛劳，行动结束后不久便与世长辞。

我们从布雷斯特和西部港口撤离大量士兵。德军向撤退的舰只发动猛烈空袭。17 日，圣纳泽尔发生了一件可怕的事故，正当两千吨的

客轮"兰卡斯特里亚"号载着五千人准备离港时遭到敌军轰炸，陷入火海。泄漏的燃油在船周围的海面上燃烧起来，事故中有三千人牺牲，其余士兵被冒着敌军空袭驶来的小船救走。下午，我在平静的内阁办公室时收到了这一消息，我下令封锁消息，各新闻媒体禁止刊登。我说："今天的坏消息已经够多了。"我打算在几天后发布这一消息，但由于形势危急，事务接踵而至，我最后竟然忘了此事，以至于很多年后人们才知道这一悲惨的事件。

*　　*　　*

法国即将投降，为了减轻影响，此时很有必要让各自治领的总理们知道，我们之所以决心继续战斗下去（即便是单独作战），靠的并不单单是意志和决心，还因为我们目前的强大实力，这一点他们可能并未察觉。因此，6月16日下午，尽管我很忙，我还是口述了下文这一声明。

首相致加拿大、澳大利亚、新西兰和南非联邦各位总理：
（声明的开头有单独写给每位总理的一些话）
我并不认为眼下的形势已经到了我们无能为力的地步了。法国可能还是会在非洲和海上继续作战，但不管怎样，希特勒肯定会转攻英国，不然德国就会遭遇失败。眼下最主要的威胁来自于德军的空袭，与此同时，德国还有可能派伞兵和空运部队空降英国，德国陆军也有可能穿越海峡登陆英国。然而，这一威胁是从战争一开始就出现的，法国也不能帮我们摆脱这一威胁，这是我们迟早都要面对的。毫无疑问，在希特勒征服了欧洲大陆的沿海地区之后，这一危险越来越紧迫。然而，眼下我们所面临的危险同战争刚开始时一样，为什么我们不能去克服它呢？海军从未说过能阻止五千到一万人的入侵，但我不认为八到十万的军队能够跨过海洋在英国

登陆，加上我们强大的海军力量，能登陆的必然寥寥无几。只要我们的空军还在，就可以帮助舰队阻止敌军从海上登陆，同时给敌军的空运部队造成严重的损失。

尽管我们在法兰西战役和敦刻尔克大撤退的过程中损失了大量军队，尽管此前法国曾多次要求我们将空军投入到陆战（后来证明法兰西战役并不算是关键战役）中去，但我们仍保留了空军实力，留作更重要的用途。我很欣慰地告诉你们，现在的空军力量和以往一样强大，飞机制造比以往任何时候都要迅速，事实上，飞行员的短缺是制约空军发展的唯一因素。即便是在法国那样的逆境下作战，我们的空军也常常造成敌军两倍或二点五倍于我方的损失。在敦刻尔克（类似于无人之境）撤退过程中，敌军的损失为我方的三到四倍，一旦敌军发觉他们的飞机未超过我方四倍，便掉头就跑。空军当局一致认为，我们完全有能力抵御敌军的空袭，因为：首先，我们研发的装置可以准确告诉我们敌机的位置；其次，由于我方空军部署较紧密，一旦敌军来犯，我们便可以集中力量向敌军的轰炸机和用作掩护的战斗机同时发起进攻。所有被击落的敌机都无法继续参加战斗，而我们却可以稍作休整继续投入战斗。因此，我认为我们可以用尽一切方式打击敌人，让他们意识到在白天实施轰炸便要付出昂贵的代价。因此，最大的危险在于敌军可能会在夜间空袭我们的飞机制造厂，但夜间空袭的准确性会大大下降，且我们已经做好部署将后果降到最小。虽然，敌军的飞机数量要多于我方，但在经历数周甚至是数月的鏖战之后，我相信德国空军的实力一定会大大损耗。当然，在这段时间内，我们还将持续对德国的重要地点，特别是炼油厂、飞机制造厂和集中在鲁尔地区的密集的军需工厂进行轰炸。我希望我们的人民也能经得起敌军的轰炸，双方都将发动前所未有的大规模空袭。情报显示，德国人对目前取得的战果仍不满意。

我们要知道，现在英国远征军已经返回国内，并且大部分已经在重新整装，就算现在还不足以在欧洲大陆上作战，但足够进行本土防御了。现如今，英国本土的兵力要比一战时和此前的各项战役都要强大得多。因此，我希望我们能杀鸡儆猴，悉数歼灭从空中降落或从海上登陆的敌军。当然，我们要想到，敌军可能会发动新式战争并努力将坦克从海上运到英国来作战。针对这些我们已经预料到的种种困难，我们都在积极部署。这是一场事关生死存亡的战役，谁也无法预料到最终结果，但我们一定会信心满满地投入战斗。

我说这么多是为了告诉你们，我们凭什么能够避免法国的悲剧（不论法国会怎样）在我们身上重演，我们凭什么能够继续战斗。就我个人而言，我相信美国一旦看到英国满目疮痍、尸横遍野的景象，一定会参战，即便我们被数量上占优的德国空军打败，我们也能够将我们的舰队送到大西洋彼岸（就像我上次在下议院的演说中提到的一样），届时，我们的海军将继续保卫大英帝国，继续战斗，继续对敌军实施海上封锁。我相信，有了美国的帮助，我们一定可以粉碎希特勒政权。如果有你们能帮到的地方，我会通知你们，希望你们也能像我们一样坚定不移地战斗下去并竭尽全力帮助我们。

1940 年 6 月 16 日

这封电报是在内阁办公室完成的，我一边说，一边有人打字。通往花园的门敞开着，外面的阳光灿烂明媚。此时，空军参谋长纽沃尔空军中将坐在阳台上，我校正了一遍草稿之后，又让纽沃尔校对了一遍，让他看看有没有需要改进和修改的地方。看完之后，他也被深深地感染了，不一会儿，他说他同意我写的每一个字。写完这封电报后，我顿时觉得舒坦了许多。我又校对了一遍之后，遂将电报发出，此刻我充满信心。后来发生的一切应验了我的想法，所有的一切都变成了事实。

第二章

TWO

波尔多停战

魏刚将军的态度——英国坚持不让法国舰队落入敌军之手——出了新问题——英国提议与法国结成永久联盟——雷诺内阁垮台——斯皮尔斯将军计划帮戴高乐将军逃走——再次讨论在非洲抗战——曼德尔的意图——海军上将达尔朗的圈套——达夫·库珀先生的使命——法国爱国者的命运——战后的幻想——我坚定的信念

现在先不谈军事问题，让我们将目光聚焦到法国内阁的变动，以及聚集在波尔多地区的各位政要身上。

现在，我们很难按照既定的程序行事。英国战时内阁一直在开会，一旦做出决定便立刻发布。由于电报编码需要花费两到三个小时，寄出又要花费一个小时，因此外交部的官员们随时用电话向英国驻法大使传递信息，他也经常用电话回复。这样一来，信息重复或短路的现象时有发生。但鉴于眼下海峡两岸的事态变化如此之快，倘若我们还沿用过去的做事方式，即先讨论再做决定，那是行不通的。

14日晚，雷诺先生从图尔赶到法国政府的新驻地波尔多，并于晚九点接见了英国大使。罗纳德·坎贝尔爵士告诉雷诺，英王政府将继续履行英法两国曾于3月28日缔结的合约，即英法两国政府绝不同敌军媾和。此外，倘若法国政府决定撤到北非，英国政府将提供必要的舰只支持。这两项声明符合我们给大使的指示。

15日清晨，雷诺再次召见英国大使，说他已决定将法国政府一分为二，并打算在北非建立法国政权。很明显，这一政策是要把法国舰队调到德军势力范围之外的港口。早上迟些时候，雷诺收到了罗斯福总统对他于6月13日发去的电报的回复。尽管我在给他的电报中极力

强调这封回信的好处，但我知道雷诺肯定很失望。罗斯福总统说，一经国会批准，美国便会给予我们物资援助，但美国丝毫没有要参战的意思。此刻，法国是等不到美国的参战宣言了，罗斯福总统没有权力代表美国宣战，也无法说服国会宣战。上一次法国内阁会议还要追溯到 6 月 13 日晚的冈惹，现在所有的内阁成员们都已到达波尔多，于是，当天下午，法国又一次召开了内阁会议。

＊　　　＊　　　＊

　　数天以来，魏刚将军一直认为法军没有必要再抵抗下去，所有的一切都是徒劳。因此，他希望法国政府能在法军尚有能力维持国内秩序的时候停战。他对法兰西第三共和国的议会制度有着与生俱来的憎恶。作为一名狂热的天主教徒，他将眼前的劫难视为上帝对人们背弃基督教义的惩罚。因此，他仗着自己手握最高军事指挥权（这本身就是一项很大的权力）肆意妄为，他公然顶撞法国总理，声称法国军队不能再继续战斗下去了，应当在法国陷入无政府状态之前停止无谓的挣扎，避免更可怕的杀戮。

　　此外，虽然保罗·雷诺也认识到法兰西战役已经结束，但他仍然希望能在非洲和法兰西帝国的领土上用法国舰队继续战斗。希特勒蹂躏了许多国家，但没有一个国家因此而停止战斗。表面上来看，这些国家的领土确实已落入敌军之手，但他们在海外成立流亡政府，扛起继续战斗的大旗，因此这些国家并没有灭亡。雷诺希望法国也能步其后尘，况且相比于其他各国，法国拥有更多可靠的手段。雷诺认为法国可以参照荷兰的例子，这样一方面可以让陆军（军队的指挥官已经拒绝任何形式的抵抗）放下武器，不再与敌军冲突，另一方面又可以保留法国主权，从而动用一切可用的手段继续战斗。

　　事实上，在内阁会议召开前，法国总理和最高统帅已经就这一问题展开激烈讨论。雷诺建议法国政府将正式投降的权利交给魏刚，让他下令"停火"，对此，魏刚愤然拒绝。"他绝不会让法国陆军的军旗

蒙受这样的耻辱"。他认为投降势在必行，但应当由政府和国家出面投降，他所率领的军队只负责执行这一命令。然而，魏刚将军（虽然是一个正直无私的人）在这一点上做错了。他认为军人享有支配共和国政府的权利，因而将法国及法兰西帝国推向一条不归路，这条路与该国政治领袖的意愿背道而驰。

除却法国陆军荣耀这些空谈不看，眼下有一个更为实际的问题。倘若由法国政府出面与敌军签订停战协定，那么就意味着法国将停止战斗。协商之后，法国或可保留部分领土及部分军队，然而一旦法国选择在海外继续战斗，那么未从法国逃离的民众和士兵们便落入德国之手。届时，上百万法国人将被当成战俘押往德国，且不受任何协议的保护。这是一个很重要的问题，但这一问题应当由共和国政府而不是陆军总司令来决定。魏刚认为他率领的部队已经不愿再继续战斗下去了，因此法兰西共和国必须投降，并下令让军队停止作战（魏刚肯定会很乐意执行这一命令）。这一想法是没有任何法律依据的，且没有任何一个文明国家有此先例，这有违军人的光荣传统。总理完全有理由拒绝，他只要说："这有违共和国宪法。从此刻开始解除你总司令的职务，随后，我会让总统正式下文。"

不幸的是，雷诺先生的立场并不是很坚定。专横的魏刚将军身后隐约可以看到贝当元帅的身影。作为失败主义的核心人物，贝当是最近才被雷诺召回法国政府出任内阁副总理的。雷诺的这一举措十分缺乏远见，因为这帮人千方百计地想要停战。位于贝当身后的是阴险的赖伐尔，此时他已被任命为波尔多市长，身旁集结了一拨蠢蠢欲动的参议员和众议员。赖伐尔的立场简单明了，他认为法国不应当仅仅同德国和谈，还要改变自己立场，法国必须站到德国那边，成为德国忠诚的伙伴，与德国一起向海峡对岸的英国发动袭击，这样才能保存法国的利益和领土，最后以胜利者的姿态来结束这场战争。很显然，雷诺先生已经被这些问题弄得筋疲力尽，他已经没有精力再去应对这些煎熬，的确，这些磨难只有奥利弗·克伦威尔、克雷孟梭、斯大林或希特勒这样的人才能应付得了。

　　出席 15 日下午内阁会议的还有法兰西第三共和国总统。雷诺在向同僚们汇报了眼下的形势后，便试图让贝当元帅说服魏刚将军服从内阁的安排。贝当应该是最差的说客了。他离开了房间后，过了一会儿又带着魏刚回来了，他随即表示同意魏刚的观点。紧要关头，一位颇有影响力的阁员——肖当先生，提出一个相当阴险的建议，这一提议看起来像是之前两种观点的折中，对那些摇摆不定的人十分具有吸引力。他以内阁中左翼分子的名义说，雷诺的主张（绝不和敌人和谈）是对的，但是眼下最保险的做法是要装出一副姿态，好让法国团结起来。他们可以试探性地问问德国停战的条件是什么，但仍然保留拒绝的权利。然而，法国一旦照做便不可能回头了，单是公布法国向德国询问停战条件的消息，便足以让法军那残留的士气消磨殆尽。一旦发出这样致命的信号，士兵们还如何能继续奋不顾身地战斗呢？然而，从贝当和魏刚的表情就可以看出，肖当的建议对大多数人来说更具说服力。因此，内阁决定问问英王政府的意见，同时告诉英国政府，法国舰队决不会投降。雷诺随即起身，说他打算辞职。总统阻止了他，并说倘若雷诺辞职，他也辞职。随后，混乱的讨论继续进行下去，关于法国舰队绝不投降和将法国舰队开到德国势力触及不到的港口去的这两个提议，大家看法不一。至于是否要向德国询问和谈条件一事，大家一致同意征求英国政府的意见。于是，他们立即发了封电报给英国。

*　　*　　*

　　第二天早晨，雷诺又一次召见英国大使，大使告诉他英国政府同意法国的请求，但前提是法国舰队必须开到德军势力触及不到的地方去——事实上，即开往英国港口。我们是通过电话向坎贝尔大使下达这一指示的，这大大节省了时间。上午十一点，混乱的内阁又一次召开会议，勒布伦总统出席会议。参院议长让纳内先生受邀列席会议，他代表自己和众院议长赫里欧先生，对总理提出的将政府转移到北非

这一提议表示支持。贝当元帅起身读了一封信（大家认为应该是别人帮他代写的），要求退出内阁。说完之后便准备离开。共和国总统劝止了他，但前提是今天之内必须给他答复。元帅还抱怨大家拖延请求停战一事。雷诺回应称，如果盟国中的任意一方想要停止履行义务，按惯例应等待另一方的回复。随即，会议结束。午餐过后，英国驻法大使将英国政府的书面回复送给雷诺先生，事实上，早在上午同雷诺谈话时，他便已经将从电话中得知的消息告诉雷诺了。

*　　*　　*

这些天，英国战时内阁充斥着非同寻常的氛围，阁员们满脑子都是法国的陷落和其未来的命运，我们自己的困境（我们必须单独面对）退居其次。大家都在为法国遭受的痛苦感到悲痛，并想尽我们所能地帮助法国。此外，法国舰队问题也十分重要。正是在这样的形势下，有人想出了"永久联盟"这一提议。

这一提议并非由我提出。在15日卡尔顿俱乐部的午宴上，我第一次听到关于此事的明确计划。当时在座的有哈利法克斯勋爵、科尔班先生、范西塔特爵士和另外一两个人。很明显，他们在此之前已经进行了广泛的讨论。14日，范西塔特和德斯蒙德·莫顿接见了莫内先生和普利文先生（两位都是法国驻伦敦经济代表团团员）。戴高乐将军也在，他这次之所以专门飞来英国，主要是为了安排舰只将法国政府及尽可能多的法国士兵运往非洲。这几位先生已经拟好法英联盟宣言的大纲，拟定这一宣言的初衷不仅仅是为了突出建立联盟的好处，更是为了列举一些有说服力的事实，给雷诺先生足够的信心，让他同意将法国内阁迁往非洲并继续战斗。起初，我并不赞同这一做法。我问了很多关键性的问题，但是没有一个答案可以令我信服。然而，在当天下午漫长的内阁会议快要结束时，又有人提出这一话题。我很惊讶地发现，这一设想竟得到所有党派的那些古板、冷漠、有经验的政治家们的一致赞成。要知道，当时我们并不清楚这一设想到底会产生什

么样的结果和影响。于是，我也被这种慷慨激昂的热情所感染，没有再反对，便接受了这一提议，也正是这种热情让我们决定投身到一项无私、英勇的行动中去。

第二天上午的内阁会议上，我们首先谈论了该如何回复雷诺先生昨晚发来的请求（即法国要求停止履行英法协定中规定的义务）。经内阁商议过后，我应内阁要求到隔壁房间亲自起草了这封电报，并于16日中午十二点三十五分从伦敦发出。该电报又重申了早上通过电话给坎贝尔发出的指示。

外交部致坎贝尔爵士：

请将下文转交给雷诺先生，以下所有指示都已经由内阁批准。

禁止单独媾和的协定（不管是停战还是和谈）是我们和法兰西共和国共同制定的，而不是和法国某一政权或个人制定的。这一协定牵涉到法国的荣誉。因此，除非（只有当）法国舰队在谈判期间驶往英国港口，否则英国政府绝不同意法国政府向德国询问停战条件。英王陛下政府势必战斗到底，绝不会参与上述对停战条件的问询。

1940年6月16日中午十二点三十五分

下午早些时候，外交部又以同样的措辞给罗纳德·坎贝尔爵士发去一封电报（6月16日下午三点十分）。

两封电报的语气都十分强硬，体现了今早内阁会议的宗旨。

外交部致坎贝尔爵士：

请将下文转述给雷诺先生。

我们希望，一旦法国得到任何关于停战条件的答复，应立即同英国商议。这点十分必要，这不仅仅是因为我们之间的不单独媾和或停战的协定，更因为英法两国军队正携手作

战。倘若法国单方面与德国停战，势必对我们造成很严重的影响。你应当让法国政府明白，我们之所以让法国将舰队送往英国，是因为我们将法国利益摆在和英国利益同等重要的位置。倘若法国政府在和德国谈判的时候表明法国舰队在德国势力范围之外，那么法国也会硬气一些。至于法国的空军，除非法国政府确实想把空军送往英国，否则我们认为也应当把空军撤到北非。

我们希望，法国政府在停战谈判前和谈判时，能尽一切努力将法国境内的波兰、比利时和捷克的部队营救出来，送往北非。我们也在做安排，准备接纳波兰和比利时政府。

＊　　　＊　　　＊

当天下午三点，我们又一次召开内阁会议。我提出，在前天的内阁会议快要结束时，我们已经讨论过就英法两国建立更紧密的联盟再次发表宣言一事。早上，我见到了戴高乐将军，他说现在有必要采取一些引人注目的大动作来支持雷诺，让他说服法国政府继续战斗下去。为此，他建议就英法两国建立永久联盟一事发表宣言。戴高乐将军的话给我留下了很深的印象。戴高乐将军和科尔班先生担心内阁今早做出的决议和发出去的电报都太过强硬。我听说已经有人起草了一篇新的宣言，戴高乐将军也已经打电话通知雷诺先生。因此，我们现在最好暂停行动。于是，我们给罗纳德·坎贝尔爵士发了封电报，让他暂时不要把电报送给雷诺。

随后，外交大臣说道，在今天早上的会议结束之后，他会见了范西塔特爵士。此前他曾请范西塔特起草一篇引人注目的声明，用以巩固雷诺先生的地位。范西塔特在和戴高乐将军、莫内先生、普利文先生和莫顿少校商议后，草拟了一篇宣言。戴高乐将军还让他们务必尽快发表这一宣言，并希望能在当晚将草稿带回法国。戴高乐还建议我能于明天前去会见雷诺先生。

于是，大家开始传阅这份草稿，每个人都进行了仔细研读。对于草稿中那些难以实施的地方，大家都一目了然，但结尾部分的联盟宣言似乎博得了大家的一致认同。我说，起初我是反对这一意见的，但在危急时刻，我们也要有足够的想象力，免得落人话柄。现在有必要发表一些引人注意的声明，从而鼓励法国继续战斗下去。因此，这一提议不能轻易被搁置，看到战时内阁对此一致同意，我也受到了鼓舞。

下午三点五十五分，我们接到消息称法国将于下午五点召开内阁会议，就是否应该继续作战一事做出决定。雷诺先生打电话给戴高乐将军称，如果能于五点前接到支持联盟宣言的回复，必定会让他信心大增。于是，战时内阁通过英法联盟宣言的终稿，并授权戴高乐将军亲自将草稿带给雷诺先生。与此同时，我们立即打电话将此事告知雷诺先生。随后，战时内阁又让我、艾德礼先生和阿奇博尔德·辛克莱爵士代表英国三党尽早与雷诺先生碰面，商讨宣言的相关事宜。

下面便是联盟宣言的终稿：

联盟宣言

此时正值世界现代史上的关键时刻，联合王国和法兰西共和国政府在此发表永久联盟宣言，并坚定不移地维护正义和自由的共同事业，抵制磨灭人类意志的奴役制度。

两国政府在此声明，从此以后，法国和英国不再是两个国家，两国将结成法英联盟。

联盟的宪法将规定执行联盟内防御、外交、财政和经济政策的联合机构。

从此，每一位法国公民都将立即享有大不列颠公民身份，每一位英国国民也将成为法国公民。

两国将共同分担战后重建工作，两国的任何资源都应为此服务，就如同一个国家一样。

战争期间，只能存在一个战时内阁，负责指挥英法两国的海、陆、空三军。内阁具体地点不固定，哪里最适合就定在哪里。两国议会将正式合并。大英帝国已经在筹备新军，法国会继续在陆上、海上和空中维持现有兵力。联盟将呼吁美国继续为盟国提供经济援助，同时为联盟的共同事业提供强大的物资支持。

无论战场蔓延到哪里，联盟都将集中精力对抗敌军。

这样一来，我们必定能够战胜敌军。

以上所有内容都已及时告知议会，但彼时已经不那么重要了。

大家可以看出，我并没有独自起草这份声明，这是大家在会议桌上讨论的结果，我只是给了一些意见。随后，我将这份声明拿到隔壁房间，戴高乐将军、范西塔特、德斯蒙德·莫顿和科尔班先生都在等着。戴高乐将军无比激动地看完这份声明，并迅速用电话与波尔多取得联系，将此事告知了雷诺先生。我们都希望这一庄严而神圣的联盟誓言，能给正在苦苦挣扎的法国总理一针强心剂，能够让他将政府和尽可能多的兵力迁往非洲，并下令让法国海军驶往德军势力范围之外的港口。

* * *

现在我们来看看法国那边的情况。英国大使已经将那两封言辞强硬的电报（对法国发来的要求停止履行3月28日同英国签订的合约的回复）交到雷诺先生手中。大使称，雷诺先生看完之后十分沮丧和不满。他当即说道，若将地中海的法国舰队撤往英国港口，意大利必将马上采取行动夺取突尼斯，这也会给英国舰队带来灾难。接着，戴高乐将军通过电话向雷诺先生传达了我的看法。在收到我的消息前，他一直保持着原来的看法。大使说，戴高乐的电话就像是一针强心剂。雷诺称，他愿意为这样的一份宣言战斗到底。这时，曼德尔先生和马兰先生走了进来，他们看起来也同样松了口气。随即，雷诺先生迈着"轻盈的步伐"离开房间，向法兰西共和国总统报告了这份文件。雷诺相信，有了这样一份保证，他便有信心说服内阁迁往非洲，继续战斗。雷诺刚一走，我给大使的电报（让他暂缓将那两份语气强硬的电报交给雷诺，或暂时不要管这两封电报）便到了。于是，他们立刻差人追上雷诺，告诉他之前的那两封电报作废（说暂时作废可能更好）。事实上，战时内阁从未改变它的立场。但是我们觉得应该让《联盟宣言》在最有利的条件下发挥作用。倘若这份宣言能让法国内阁振奋起来，那么法国自上而下都将受到鼓舞，届时让法国舰队驶往德国势力范围之外的计划便指日可待了。倘若这一宣言得不到支持，那便可以履行我们的权利，并拒绝法国单独同德国媾和的请求。我们不清楚法国内阁发生了什么变故，我们也不知道这会是我们最后一次同雷诺交涉。

当天，我和雷诺在电话里聊了一会儿，我提出要立即前去拜访他。由于目前我们不知道波尔多的形势如何，会朝什么方向发展，战时内阁的同僚们希望我能乘巡洋舰前往法国。于是，我们定于第二天在布列塔尼半岛海岸附近会面。我应该直接乘飞机过去的，但即便如此，也为时已晚。

外交部给驻法大使发了一封电报，内容如下：

致坎贝尔爵士（波尔多）：

首相将于明日（17日）中午十二点乘巡洋舰抵达康加诺与雷诺会谈，掌玺大臣、空军大臣、三军参谋长和其他几名随行人员将一同前往。戴高乐将军已经得知此事，并表示会面时间和地点都很方便。我建议在巡洋舰上会面，避免引起别人注意。如有必要，英舰"伯克利"号应听从雷诺先生和法方差遣。

6月16日下午六时四十五分

16日晚上八点，外交大臣又打电话给驻法大使：

之所以让你暂时不要把之前的那两封语气强硬的电报交给雷诺是因为：首相在和戴高乐将军商议后，决定将于明日在布列塔尼会见雷诺先生，尝试劝阻法国政府请求同德国停战的想法。因此，首相决定采纳戴高乐将军的建议，立刻和法国发表联盟宣言并宣称英法两国将在各项活动中紧密合作，希望借此来说服法国继续奋战。我将在随后的电报中附上经英王政府批准的宣言草稿，接到电报后，请立即将宣言交给雷诺先生。

戴高乐将军已经提前打电话将宣言的大纲告知雷诺先生，雷诺先生称两国政府若能达成这样的宣言，一定会对法国政府的决议产生影响。戴高乐将军今晚将带着这份宣言的副本返回法国。

16 日，战时内阁一直开会到下午六点，会议结束后，我便奉命出发，前往法国。此行，我带上工党和自由党党魁、三军参谋长和很多高官政要。一列专车已经在滑铁卢等候，我们两个小时便可抵达南安普敦，再经过一夜航行（驱逐舰以每小时三十海里的速度行进），17 日中午便可抵达会面地点。我的妻子也前来送行，上车就座后，火车迟迟未开动。很明显，一定是被什么突发状况耽搁了。不一会儿，我的私人秘书上气不接下气地从唐宁街赶来，带来坎贝尔从波尔多发出的最新消息：

法国内阁出现危机……具体消息，午夜方可知晓。
看来明天的会面是不可能了。

听到这个消息后，我怀着沉重的心情回到唐宁街。

*　　*　　*

雷诺辞去内阁总理一职，下文是雷诺内阁的最后一幕。

雷诺对《联盟宣言》抱有的希望很快就破灭了。这一慷慨的提议竟然遭到如此非议，实属罕见。总理在内阁会议上将宣言宣读了两遍，他是极力赞成这一宣言的。随后，他还提到打算于明天同我会面，商讨该宣言的具体事宜。但那些情绪激昂的阁员们（有些十分有名气，有些乃无名之辈）意见不一，在经历了失败的打击之后显得犹豫不决。后来，我们得知有些人偷听了我和雷诺先生的电话，早已得知这一消息。这些人都是失败主义者。大部分人没有准备好去接受这一极具前瞻性的宣言。大部分内阁成员们对我们的计划持全盘否定态度。绝大部分人感到十分惊讶且对我们缺乏信任，即便那些平日里最友善、最坚决的人此刻都有所迟疑。此次内阁会议的主题是讨论英国对法国请求（此前内阁一致同意要求英国允许法国解除 3 月 28 日所承担的义务）的回复，这样法国便能决定要不要向德国询问停战条件。倘若此前我们把就此事的正式答复摆在他们眼前，大部分人可能（很大可能）会接受我们的前提条件，即将法国舰队送往英国，至少他们也会提出其他合适的方案从而与敌军和谈，一旦德国的条件太过苛刻，和谈不成，他们还可以撤到非洲。但现在的景象却是典型的"命令——违背命令——混乱"。

此时，保罗·雷诺已经无法消除英法联盟这一提议给内阁成员们造成的不好印象。以贝当元帅为首的失败主义分子甚至拒绝审视这一议题。人们纷纷指责这一提议，言辞激烈。他们说这是"最后一刻的计划""一次突然袭击""一个意图将法国变为保护国或夺取法国殖民地的阴谋"。他们说，这会让法国沦为英国的自治领。还有一些人抱怨道，法国在这一宣言中受到不公正待遇，因为宣言中规定法国人将享有大英帝国而非大不列颠的公民身份，而英国人却享有法国公民身份。这些说法实则与宣言内容相悖。

除此之外，还有其他种种论断。魏刚没费多大工夫便说服贝当，让他相信英国注定会失败。法军最高指挥部——或许只是魏刚本人——说道："不出三周，英国便会像一只小鸡一样被德军拧断脖子。"贝当元帅认为同英国结盟无异于"同死尸结盟"。伊巴纳加雷（第一次世界大战中表现非常英勇）也大声叫嚷道："相比之下，我们更希望法国能成为纳粹的一个省。至少我们知道该做什么。"参议员雷贝尔（与魏刚将军私交甚好）声称这是一个意图完全毁灭法国，将法国变为英国殖民地的阴谋。雷诺回应道："相比于同敌军合作，我更愿意与我们的盟友合作。"曼德尔也说："你们宁愿成为德国的一个区也不愿成为英国的自治领么？"但这一切都是徒劳。

经我们核实，雷诺在阐述完我们的提议后，并未让内阁对此进行投票。这一提议便这样不了了之了。这对兢兢业业的法国总理个人来说是一个致命的打击，雷诺从此在内阁中失势。后来的所有讨论都围绕着停战和询问德国停战条件进行，在讨论这些问题时，肖当显得十分冷静和决绝。议会上，没人提起我们之前的两封有关法国舰队的电报。我们要求法国在和德国和谈之前将舰队调往英国港口，但雷诺内阁还没来得及考虑我们的提议便解体了。因此，内阁没有就这一议题投票。晚上八点钟左右，在经历了很多天心理上和生理上的双重压力后，雷诺已经精疲力竭，遂向总统提出辞职，并提议让贝当元帅组阁。这一决定太过草率。他和斯皮尔斯将军说仍想在明天与我会面，斯皮尔斯说："明天就会成立新的政府，你再也无权代表任何人说话了。"

6月16日，坎贝尔（通过电话汇报）称：

　　今天下午接到首相的好消息后，雷诺先生备受鼓舞，但后来他又告诉我们，内阁中支持向德国探明停战条件的势力太过强大。他在内阁会议上将那封电报宣读了两遍，并解释称，这封电报将对未来形势产生重要影响，但这丝毫不起作用。

　　我们劝了他半个小时，鼓励他不要受到某些同僚们的不良影响。随后，我们又拜见了曼德尔先生和参议院议长让纳内先生（他和众议院议长的意见一致），希望能够说服共和国总统让雷诺先生组建新政府。

　　我们恳请雷诺向总统解释清楚，首相在电报中提到的一

切并不适用于一个打算和敌人进行和谈的政府。

　　约一个小时后，雷诺先生告诉我们他无能为力了，并且已经递交了辞呈。贝当元帅和魏刚将军（二人犹如身处另外一个世界一样，幻想着能像以前一样围着一张绿色的桌子和敌人坐下来和谈）大肆宣扬战争的残酷性，并成功说服了那些胆小怕事的阁员们。

＊　　　＊　　　＊

　　6月16日下午，莫内先生和戴高乐将军赶来内阁办公室拜访我。不久前，戴高乐将军以国防部副部长的身份，下令让负责从美国往波尔多地区运送武器的"巴士德"号转而驶向英国港口。倘若法国单独同德国媾和，莫内打算将美国支援法国的军需物资全部运往英国。很显然，他已经预见到了法国的毁灭，并希望尽力从这场世界大毁灭中将这些军用物资拯救出来。他的态度对我们帮助很大。随后，他话锋一转，让我们将剩余的战斗机中队派往法国，准备同德国打最后一场仗（很显然，这一仗已经结束了）。我拒绝了他的请求。此刻，他又搬出了那些陈词滥调，称这是"决定性战争""此时不战，更待何时""一旦法国陷落，所有一切也都将随之毁灭"等等。但在这一问题上，我确实无法做出让步。他们俩随即起身朝门口走去，莫内在前。到门口时，刚刚几乎没有开口的戴高乐将军转过身来，朝我走了两三步，用英语说道："我觉得你是对的。"在我眼里，戴高乐将军一直表现得沉着冷静，且对痛苦有着非一般的承受力。在和这位高大、沉着的人打交道的过程中，我觉得"他就是法国的守护神"。当天下午，我下令安排飞机送戴高乐返回波尔多，但不久之后他又回到了英国。

＊　　　＊　　　＊

　　雷诺辞去总理职务后，贝当立即重新组阁，主张马上同德军停战。

6月16日深夜，由于此前以贝当为首的失败主义分子已经颇具规模，因此新内阁人选很快便确定下来。肖当先生（此前大谈"探询停战条件并不意味着一定要接受"的人）出任内阁副总理。认为大势已去的魏刚将军掌管国防部。海军上将达尔朗任海军部长，博杜安先生任外交部部长。

只有赖伐尔先生那里出了点小问题。贝当元帅原打算让他担任司法部部长，赖伐尔对此十分不屑，他想担任外交部部长，这样便能实施亲德政策，打垮英国，让法国成为纳粹德国的小弟。赖伐尔情绪激动，十分难缠，贝当元帅很快便妥协了。刚接任外交部部长的博杜安先生知道自己并不适合这一职位，已经做好随时退位的准备。当博杜安告知外交部常务次长夏尔－鲁先生此事时，后者十分气愤。他有魏刚的支持。当魏刚走进房间同贝当商议此事时，赖伐尔大发雷霆，这一突然表现令这两位军事领袖为之愕然。见状，魏刚将军离开了房间，贝当元帅也妥协了。然而，常务次长夏尔－鲁先生的立场十分坚定，他拒绝在赖伐尔手下工作。于是，元帅便再一次改变了主意。见状，赖伐尔愤怒地走出了房间。

这很关键。四个月后，10月28日，赖伐尔终于如愿以偿，当上了外交部部长。然而，彼时的战况已经大不相同，英国的抵抗让人们意识到这个岛国不是可以轻易被毁灭的。总之，英国不会像"小鸡一样，在三周之内被人拧断脖子"，这也让整个法国为之欢欣鼓舞。

* * *

在16日发给法国的电报中，我们同意让法国就停战条件一事向德国提出问询，但前提是法国需将舰队开往英国港口。现在，这一电报已经被正式交到贝当元帅手中。经内阁准许后，我又发了一封电报强调我们的主张，但都石沉大海。

17日，我给贝当元帅和魏刚将军发了一封私信，驻法大使奉命将副本交给法国总统和海军上将达尔朗。该信如下：

我坚信，战功显赫的贝当元帅和久负盛名的魏刚将军（作为我们两次对德作战的同盟）绝不会把精良的法国舰队交到敌军手中，从而做出伤害盟友的事情。这么做有损你们千年来保持的良好名声。然而，倘若你们仍要浪费宝贵的时间，迟迟不愿将承载法国未来希望和荣耀的舰队调往英国或美国港口，那么这样的恶果便会降临。

　　为了争取更多人的支持，我们派第一海务大臣（他自称和海军上将达尔朗业务来往密切且私交不错）、海军大臣 A. V. 亚历山大先生，以及殖民地事务大臣劳埃德勋爵（他一直被认为是法国的朋友）一同前往法国。19 日，他们费尽周折，试图说服法国新内阁成员们。他们得到很多郑重的承诺，法国人向他们保证，他们绝不会让法国舰队落入德军手中，但迟迟不见法国舰队行动。

*　　*　　*

应内阁要求，我于 17 日晚通过广播发表声明：

　　法国那边传来的消息不容乐观，我为陷入不幸的英勇的法国人民深感悲痛。无论发生什么，我们对法国人民的感情都不会变，我们坚信法国会再次崛起。法国的遭遇不会对我们的行动和目标造成任何影响。现在，我们已经成为武力保卫世界和平事业的唯一斗士，我们必当竭尽全力，绝不辜负这一崇高的荣耀。我们会誓死保卫英国，大英帝国将继续战斗下去，直到世界人民彻底摆脱希特勒的魔爪，我们相信这一天终会到来。

*　　*　　*

17 日上午，我在内阁跟同僚们提到了昨晚和斯皮尔斯将军的一通电话。他在电话中说，他认为他在波尔多的新政府中起不了什么作用，同时，他还表达了对戴高乐将军人身安全的忧虑。显然，斯皮尔斯已经意识到，倘若事态照此发展下去，戴高乐最好还是离开法国。于是，我们商量出一个绝佳的办法。17日一大早，戴高乐将军前往位于波尔多的办公室，列出下午的各项日程，随后驱车前往机场送别他的朋友斯皮尔斯。他们握手告别，随即飞机开始起飞，这时，戴高乐跳进飞机，关上舱门。飞机升空，这让法国警察和官员们目瞪口呆。戴高乐带着法国的荣耀踏上了这架小小的飞机。

当晚，戴高乐通过广播向法国人民发表演说。在此，我摘录一段：

> 法国并不是孤军奋战。它的身后有强大的大英帝国作为支撑。法国可以同大英帝国（大英帝国手握制海权，仍将继续战斗下去）团结起来。法国可以像英国一样充分利用美国丰富的工业资源。

然而，其他那些同戴高乐将军一样想要继续战斗的人就没有那么幸运了。贝当政府成立之后，在德国势力范围之外的非洲地区建立一个法国政权的计划还是有望实现的。6月18日，贝当内阁开会商讨这一计划。当晚，勒布伦总统、贝当和参、众两院的议长也曾开会对此进行商讨。他们同意先派一个代表团前往北非。贝当也并未反对。他本人愿意继续待在法国，于是想派内阁副总理肖当以他的名义前往北非。于是，法国政府准备撤退的谣言在波尔多疯传，弄得人心惶惶。魏刚对此表示坚决反对，他认为这一举动会妨碍"光荣的"和谈（法国于17日提出通过马德里与德国举行和谈，现在和谈已经开始）。赖伐尔得知此事后显得十分惊慌，他担心，倘若在法国之外成功组建政府继续战斗，这会影响他的计划。于是，魏刚和赖伐尔开始游说聚集在波尔多的参、众两院议员们。

对此，海军部长达尔朗持不同看法。他认为眼下解决争议的最便捷的办法，便是用一艘船将那些指责他的行为的主要人物统统运走。

一旦这些人登船，他们的命运便掌握在他的手中，这样政府就有充足的时间采取下一步行动。在得到新内阁的首肯后，便打算用全副武装的辅助巡洋舰"马西里亚"号将所有想去非洲的政要们运往北非。该船定于20日从吉伦特河河口起航。很多想去非洲的人（其中包括让纳内和赫里欧）怀疑这是一个圈套，他们打算走陆路，取道西班牙。最后一拨出发的人中有二十四名众议员和一名参议员，还有曼德尔、康平契和达拉第，他们积极主张前往非洲。此外，还有一些难民。21日下午，"马西里亚"号起航。23日，他们从船上的广播得知贝当政府已经同德国正式签署停战协定。康平契立刻试图说服船长让他开往英国，但由于事先接到命令，船长（这名船长两天前还是康平契的部下）竟冷酷地拒绝了他的请求。于是，这批不幸的爱国人士在船上焦急万分，终于，6月24日晚，"马西里亚"号停靠在卡萨布兰卡。

此时，曼德尔仍打算按原计划行事，他和达拉第一同起草了一份宣言，宣称在北非建立政权继续战斗，由他本人出任总理。上岸后，他拜访了英国领事，便在艾克赛西尔酒店住了下来。随后，他想通过哈瓦斯通讯社发表他的宣言。诺盖将军看完宣言后十分不安，于是，他扣下这封宣言，并未将其公之于众，反而将其发给达尔朗和贝当。这二人一致决定，不能让一个德国势力范围外的政权成为他们未来的潜在威胁。于是，曼德尔在酒店被捕并被押往地方法庭，但当地法官（后被维希政府撤职）称其无罪，并将其释放。然而，总督诺盖下令再一次将其逮捕，并囚禁于"马西里亚"号上。后来，该船便被扣押在港口，且周围把守严密，船上的乘客与岸上的任何交流都被切断。

当然，当时我对这些情况全然不知，我仍然心系那些想继续战斗的法国人。

首相致伊斯梅将军：

眼下，这一圈套正在收紧，我们迫切需要建立类似于"地下铁路"（将黑奴送到自由州、加拿大、墨西哥，以至海

外的秘密网络）和"红花侠"① 的组织，来将想要继续战斗的法国政府官员、士兵们，以及一些重要的技术人员送往各大港口。我相信会有源源不断的有决心的人前来，我们需要这样的人来保护法国的殖民地。海军和空军必须合作。当然，该任务应由戴高乐将军和他的委员会负责指挥。

1940 年 6 月 24 日

在 6 月 25 日深夜的内阁会议上，我们得知一艘载有大量法国政要的舰只从拉巴特驶过。我们决定立即与之取得联系。于是，第二天天刚刚亮，新闻大臣达夫·库珀先生便在戈特勋爵的陪同下乘"桑德兰"式水上飞机前往拉巴特。到达拉巴特后，他们发现整个城市都降了半旗，钟声从教堂传来，大教堂正在举行神圣的仪式为法国战败默哀。他们尝试联系曼德尔，但处处受阻，始终联系不上。莫里斯副总督不仅在电话里，还当面告诉达夫·库珀说自己别无选择，只能执行上级下达的指示。他说："如果诺盖将军让我开枪自杀，我也只能服从。不幸的是，我这次接到的命令比让我自杀还要残忍。"事实上，这些法国前部长和议员们被当作逃犯一样看待。因此，我们的使团也无能为力，只得原路返回。又过了几天（7 月 1 日），我下令让海军部截获"马西里亚"号，解救船上的乘客。然而，我们无计可施，只能眼睁睁地看它在卡萨布兰卡港的炮台下停了近三周。随后，船上的所有人都被带回法国，交由维希政府发落（惩罚措施一方面要维护维希政府利益，一方面又要讨好他们的主人德国）。于是，曼德尔从此开始了漫长而又痛苦的牢狱生涯，并于 1944 年被德国下令杀害。至此，想要在非洲或伦敦建立一个强有力的法国政府的希望彻底落空了。

---

① 1905 年英国女作家 Baroness Emmuska Orczy 的小说《红花侠》。故事描述法国大革命期间，法王路易十六被送上断头台，皇室和贵族也纷纷遭陷害。英国花花公子帕西化身为传说中的蒙面侠客红花侠，不断潜往法国，出生入死地抢救受难贵族，将其送到国外。每次解救成功，就留下一朵红色的繁笺花为记。——译者注

＊　　　＊　　　＊

　　如果时间能倒回，如果我们能够对一些重要的事情做出改变，那么结果又当如何呢？我知道这不可能，这只是幻想，但有的时候想想这些反而能让我们有所启发。6 月 16 日发生的一系列事件导致了法国的陷落，倘若对每件事情稍加改动，那么结果便截然不同了。如果保罗·雷诺能熬过 16 日，那么 17 日我就能带着英国史上最强大的能全权代表英国的使团与他会面。届时，我们肯定会在贝当、魏刚、肖当等人面前直率地提出我们的主张："除非法国舰队驶往英国港口，否则我们不同意法国停止履行于 3 月 28 日和英国签订的条约。"另外，我们提议建立永久的英法联盟，在非洲并肩作战。相信我们的提议肯定能得到共和国总统、两院议长和所有支持雷诺、曼德尔和戴高乐的那些意志坚定的人的支持。我认为，我们可以说服在座的那些失败主义者，如若不然，我们就把他们孤立起来，实在不行就逮捕他们。

　　让我们顺着这点继续往下想。法国政府已经撤到北非，英法共同体或英法工作委员会（英法联盟可能会演变成这样）将与希特勒对峙。英法两国舰队出击，并取得地中海的制海权，军队和物资运输畅通无阻。不管除却本土防御外英国还剩下多少空军，不管法国空军还剩下多少，只要这些空军联合起来，以北非的机场为基地，在美国的物资援助下，不久之后便能成为对抗敌军的第一主力。马耳他，这个曾经让人担忧的危险地方，将成为我们最活跃的海军基地。用重型轰炸机从非洲地区轰炸意大利，要比从英国更容易。这样，我们就可以切断意大利同利比亚以及的黎波里的交通线。倘若我们不需派那么多战斗机去保卫埃及，不需派那么多士兵前往地中海战场，那么便可将这些飞机、士兵同法军残部联合起来，将战场从地中海东部引到中部，这样一来，1941 年内，我们便可以清除整个北非海岸的意军。

　　法国应当坚持联盟主要交战国的地位不变，这样便可避免陷入四分五裂的局面（这种局面过去折磨过她的人民，现在也是如此）。毫无疑问，法国会臣服于德国统治，但事实上，只有在1942年11月英美两国采取行动后，法国才被德国完全控制。

这便是整个故事的始终，停战协定并未让法国免受痛苦。

我们无法确定希特勒下一步会采取什么行动。他是否会强行取道西班牙（不管西班牙政府同不同意），在袭击或者攻占直布罗陀海峡之后，继续入侵丹吉尔和摩洛哥呢？这片地区和美国有着很深的渊源，罗斯福总统一直记挂着这片区域。希特勒不可能一边通过西班牙向非洲发起猛烈攻击，一边发动不列颠之战。二者只能选其一。倘若希特勒选择前者，那我们凭借手中的制海权和法军基地，便能以更快的速度将更强大的空军和陆军运到摩洛哥和阿尔及利亚。我们很乐意在1940年秋冬时节，在友好的法属西北非地区同敌军进行一场恶战。

从现在往回看，我们可以看出希特勒不可能因为法国政府撤往北非就改变入侵英国和东进计划。巴黎陷落后，希特勒欣喜万分，他的注意力也自然而然地转到下一个重大问题上。一旦法国投降，希特勒势必要征服或毁灭大不列颠。不然，他就得转攻苏联。他不可能通过西班牙向西北非发动大规模进攻，因为这一方面不利于进攻英、苏两国，另一方面也势必阻碍他在巴尔干半岛采取行动。我确信，倘若法国政府撤往北非，对所有盟国来说都会更好，不管希特勒有没有继续向北非追击法国和我们。

1944年1月的某一天，当我在马拉喀什疗养的时候，乔治将军过来一起吃午饭。在闲聊过程中，我对他说了我的一些想法：说不定1940年法国政府未能迁往非洲，对我们来说反而是一件幸事。1945年8月，在审判贝当时，乔治觉得有必要说出我的想法。对此，我并未有任何不满，只是我在战后的推测，并不代表我在战时或现在这些经过深思熟虑的想法。

第三章

THREE

奥兰袭击战

英国会投降吗？——"他们最光辉的时刻"——海军上将达尔朗的机会——他给我的最后一封信——停战协定第八条——一项令人悲痛的决定——"弩炮计划"——我们给法国人开出的条件——奥兰的悲剧——全世界对英国消灭法国海军的印象

法国陷落后，所有人（不管是朋友还是敌人）都有这样的疑问："英国会不会也投降？"到目前为止，我在每一次关键时刻发表的声明中，都曾以英王政府的名义重申我们单独作战的决心。敦刻尔克大撤退结束后，我在6月4日发表演讲时曾说："倘若有必要，我们便战斗到底；倘若有必要，我们便单独作战。"这些话并非一时兴起，第二天，法国驻英国大使前来拜访，问我说的这句话到底是什么意思。我回应称"就是字面意思"。6月18日波尔多陷落，我在下院发表的演讲，让在座的议员们又想起了这句话。随即，我列举了一些"我们凭什么继续战斗下去的理由"。我能够向议会保证，三军参谋们坚信我们能够取得最终的胜利。我告诉他们，四个自治领的总理已向我发来消息，他们都支持我们继续战斗下去的决定，并决心和我们并肩作战。"眼下形势虽然危急，但实事求是地说，我们只需保持警惕并继续努力，完全没有必要感到惊慌或恐惧。"我还说，"上次世界大战的头四年里，盟军不断遭遇灾难和失望……那时，我们一直在问我们自己一个问题'我们怎样才能赢得战争？'当然，没人能给出确切的答案。最后，我们那凶恶的敌人突然在我们面前倒下，没有任何先兆。然而，我们也被这突如其来的胜利冲昏了头脑，很快便又愚蠢地将胜利的果实拱手相让。"

无论法国将来怎样，无论现在的法国政府或将来其他的法国政府采取什么措施，这个岛上及大英帝国的人民永远与法国人民同舟共济……倘若我们取得了最终的胜利，我们也会将胜利的果实与他们一同分享——是的，每个人都将重获自由。对于所有的合理要求，我们绝不会做出任何让步，一步都不会退……捷克人、波兰人、挪威人、荷兰人、比利时人已经开始和我们并肩作战，朝着我们共同的事业努力，我们一定会取得最终的胜利，所有人都将重获自由。

魏刚将军所说的法兰西之战已告终结，我猜不列颠之战即将揭幕。基督教文明的生死存亡便在此一战。我们的性命、我们的制度和我们的帝国存亡续绝也都在此一战。敌人残暴的魔爪很快便会伸向我们。希特勒知道，倘若不把英国消灭，他就等于输了这场战争。如果我们能顶得住，全欧洲都将获得解放，全世界的人民就能进入一个阳光普照的辽阔高地。但是，如果我们失败了，全世界，包括美国和所有我们熟悉和关怀的国家，都将堕入另一个黑暗时代的深渊，一个由滥用科学而造成的更加凶险或者可能更加漫长的黑暗时代的深渊。因此，就让我们振作精神，承担起自己的责任来，让我们干出一番名堂来——倘若英联邦和大英帝国能再存在一千年，到那时人们还会说"这是他们最光辉的时刻"。

胜利到来时，人们经常说的这些话终于成真，但此刻，这只是一番空谈。所有不了解遍布全球的大英帝国人民脾性的人根本体会不到这种热血沸腾的感觉，他们认为英国人只是在装腔作势，为和谈增添筹码。显然，希特勒想尽早结束西欧战役，为此，他可能会给英国开出很诱人的条件。我们十分清楚他的动机，因此，我们觉得他可能会为了和谈答应保留不列颠、大英帝国和英国舰队完好无损，这样他便能投身于东欧事务。里宾特洛甫早在1937年便告诉我，这才是他的心头大事。目前为止，我们确实未曾给德军造成巨大损失。事实上，在德国战胜法国的过程中，我们确实在节节败退。难怪很多国家的那些老谋深算的人们会被德国强大的力量所吓倒，因为他们根本不知道从海上入侵所面临的难题，也并不知道我们的空军有多么优秀。不是每一个政府（不管是民主还是专制政府），不是每一个国家（像被抛弃一样只能孤军奋战）都能承受被侵略的恐惧，并置诱人的条件于不顾而拒绝与敌人和谈，更何况他们完全有借口编出各种理由来与敌人和谈。然而光说不练可不行，英国现任政府也有可能被取代。"这些战争贩子们曾有机会取得胜利，但他们最终都失败了。"美国远远地观望着这一切。没人要为苏联负责。为什么英国不像日本、美国、瑞典以及西班牙一样做一个旁观者，抱着事不关己的态度，静静地欣赏纳粹和苏联自相残杀呢？后世的人可能很难相信，我在这里提到的问题从来未被提到内阁会议的日程表上进行讨论，即便在私密会议上也从未提及。我们只能用行动来扫除这些疑问，我们很快就将采取行动。

*　　*　　*

应美国海军当局之邀请，洛西恩勋爵急着问我是否应将英国舰队的弹药及修补器材运往大西洋彼岸。于是，我给他发了封电报：

目前还没有必要采取这些预防措施。

1940 年 6 月 22 日

我还将下列电报发给了各自治领的朋友们：

致麦肯齐·金：

如果你重读我于 6 月 5 日发给你的电报，你便会知道，倘若英国战败，毫无疑问，我们会和美国谈判让他们参战，并将派遣英国舰队到大西洋彼岸。然而，此刻我觉得没有必要考虑这一万不得已时才要采取的举动。我相信我们有能力保卫英国本土，因此，我觉得此刻没有必要转移英国舰队或是为此做任何准备。我本人是绝不会和希特勒妥协的，但我无法保证将来的政府（如果美国见死不救，英国战败，届时势必会有新的政府取代我们）不会像吉斯林①那样屈服于德国，接受德国霸权和保护。我已经在给罗斯福的电报中提及此事，倘若你能让总统意识到这一危险，那便再好不过了。

祝一切顺利。你的精锐的加拿大师正和我们一同保卫不列颠，对此我十分欣慰。

1940 年 6 月 24 日

我又给史末资发了封电报：

显然，我们眼下的首要任务便是击退敌人对大不列颠发动的任何进攻，向世人展示我们不断壮大的空军力量（这只能通过战争才能展示）。倘若希特勒无法打败英国，他可能会转而采取东进计划。事实上，他本可以放弃英国直接东进，从而为自己的军队找到用武之地，也能躲避即将到来的严冬给他带来的困扰。

我不认为即将到来的冬天会对德国造成决定性影响，但是在物资紧缺的情况下，仅凭盖世太保和武力来统治整个欧洲，而不采取任何行动来收买人心，这样的统治是不会长久的。

英国空军的发展（特别是在未被轰炸影响的地区）会让希特勒的行动越来越难，不管德国在欧洲或亚洲取得了怎样的成就，这一困难对他造成的影响都可能是致命的。

我们为本土防御而组建的大规模部队是按照攻势来整编的，我们可能在 1940 年和 1941 年就将进行大规模两栖登陆作战行动。我们现在的计划仍是组建五十五个师，但随着我们军需供应的不断强大，帝国的资源流通加快，我们有望组

① 维德孔·吉斯林（1887—1945），挪威国家统一党元首，二战期间曾任挪威首相。因其在大战期间与纳粹德国积极"合作"，吉斯林的名字已成为"卖国贼"或"叛国者"的代名词。——译者注

建更大规模的部队。我们毕竟是在本土作战，而希特勒则有大片地区需要守卫，有大量饥肠辘辘的人民需要统治，此外，我们还手握制海权，在打击西欧时有更大的自由选择权。

我之所以给你发来私人电报，是想和你保持密切联系，因为我一贯都很看重的想法。

1940 年 6 月 27 日

对于即将到来的严峻考验，我们信心满满。

首相致洛西恩勋爵（华盛顿）：

毫无疑问，我很快便会通过广播发表演说，但事实上，我觉得现在说什么都不起作用。不要花太多精力去引导美国的舆论走向，只有不断变化的形势才能改变他们的想法。今年 4 月以前，他们确信盟国一定能取得胜利，因此觉得没有必要给予援助，而现在他们又觉得我们必将战败，局势已无法挽回。我相信我们能击退敌人的侵略并保存英国空军。不管怎样，我们都决心一试。请你继续向总统和其他人声明，倘若一番激战之后，英国战败，德国占领大部分英国领土，那么英国的土地上可能会建立吉斯林政府。届时，新的政府将与德国媾和，英国也将最终沦为德国的保护国。到时候，英国舰队将成为政府与德国谈判的唯一筹码，英国人对美国的怨恨就会像现在的法国人对我们一样。截至目前，美国并未向我们提供任何值得一提的援助。美国援助的步枪和野战炮要到 7 月底才到英国，且援助物资并不包括驱逐舰。我们知道总统是我们最好的朋友，但向共和党和民主党大献殷勤是不起作用的。真正起作用的是希特勒是否能于三个月内征服英国。我认为不能。但这不是我随便说说就行的，你要继续保持一颗平常心，我们都要燃起斗志。

1940 年 6 月 28 日

*　　*　　*

法兰西战役快要结束时，海军上将达尔朗在波尔多的声望日益高涨。我和他的接触并不多，且比较正式。他花了很大精力来重建法国海军，因此，我对他比较敬重。在他的领导下，现在的法国海军实力达到了法国大革命后的顶峰时期。1939 年 11 月，他曾到访英国，我们当时在海军部设宴招待了他。餐桌上，他一上来便说他的曾祖父死于特拉法尔加海战[①]。由此便可知，达尔朗虽心地善良，但却是个反英派。在 1 月举行的英法两国海军会谈上，我们也能看出身为海军上将的他已经觊觎海军部长的位子许久了，也正是由于这一野心才导致了后来的一系列行动。

从那以后，达尔朗出席了我上文提及的绝大多数会议。法兰西战役快结束时，他曾无数次向我保证，不管将来形势怎样，他绝不会让法国舰队落入德军之手。此刻，这位野心勃勃、自私自利、精明能干的海军上将在波尔多迎来了自己政治生涯的巅峰。他对法国舰队享有绝对领导权，只要他一声令下，法国舰队便会即刻前往英国、美国或任一法国殖民地港口（有一些已经出发）。6 月 17 日早上，雷诺内阁倒台后，他对乔治将军宣称，他决定下达上述命令。第二天中午，乔治将军过去问他为何迟迟没有行动，他说他改变主意了。问他为什么，他回答说因为他此刻已经是海军部长了。这并不是说他为了能当上海军部长而改变主意，而是说当上海军部长之后，他看问题的角度不一样了，因而改变了主意。

自私自利的人终究不会有好下场！达尔朗就是一个很好的例子。只要他愿意乘自己手下的任意一艘军舰离开法国，便能摆脱德军控制，成为法国人的领袖。相比之下，戴高乐只有一颗永不服输的心和少数几名志同道合的人，而达尔朗手下却拥有世界排名第四的法国海军，

------

① 发生于 1805 年 10 月 21 日，英法大战，最后英国获胜。——译者注

且法国海军对达尔朗的指示绝对服从。他手握强大武器，本可以成为领导法国人民抵抗侵略的领袖。英美两国的造船厂和军工厂也将任凭他差遣，且一旦他的地位得到承认，法国在美国的黄金储备也将任由他支配。届时，整个法兰西帝国都将团结在他周围，他也会当之无愧地成为法国的解放者，他所热衷的权力、名誉都不在话下。然而，他并没有这么做，他在接下来的两年里惶惶不可终日，并最终惨死，达尔朗的名字也被他曾经苦心经营的法国海军和法兰西民族载入历史的耻辱册中。

*　　*　　*

关于达尔朗，我还有一点要提。1942 年 12 月 4 日，在他被刺杀三周前，他曾写信给我详细说明了情况，他在信中坚称自己履行了曾经的诺言。我应当将这封信公之于众，详见下文。确实，法国舰队从未落入德军手中，也从未与我们为敌。当然，这并不全是海军上将达尔朗的功劳，但他确实给法国海军的将士们灌输了一种观念：法国舰队在敌人得手之前，应当不惜一切代价自沉毁灭，因为他像痛恨英国人一样痛恨德国人。

亲爱的首相先生：

1940 年 6 月 12 日，在位于布里阿尔的魏刚将军司令部，你把我拉到一边说："达尔朗，我希望法国舰队永远不要投降。"当时我说："我们绝不会投降，这有违法国海军的传统和荣誉。"1940 年 6 月 17 日，我又在波尔多对海军大臣亚历山大、第一海务大臣庞德和劳埃德勋爵做出了同样的保证。我之所以没有下令让法国舰队驶往英国港口，是因为我知道这一举措会让法国本土和北非完全落入敌军之手。

我承认我对英国存有敌意，因为之前发生的一连串悲惨的事件深深地触动了我作为一名海军的心，况且，你好像并

不相信我的话。一天，哈利法克斯勋爵让杜普伊①带话给我称，英国人相信我说的话，但认为我没有能力遵守诺言。然而，法国舰队在土伦港自沉一事则证明了我是一个言出必行的人，因为即便我已经不再统帅法国舰队，但他们仍未遂赖伐尔政府之愿，坚决地执行了我曾经下达的且一直未曾改变的指示。1941 年 1 月至 1942 年 4 月，贝当元帅统治期间，我们不得不采取一种政策，来避免法国本土和法兰西帝国被轴心国占领并摧毁。由于事态的发展，这一政策与你们的意见相悖。但我别无选择。那时，你们无暇顾及法国局势，任何与你方的交流都会给法国带来毁灭性的伤害。如果不是我们独自承担起保卫法兰西帝国的责任（在这一问题上，我一直拒绝德国，即便在应对叙利亚问题上也是如此），轴心国的势力早就侵入非洲，赶跑我们的陆军了；英国第一集团军也不可能出现在突尼斯同法军一起对抗德国和意大利了。

11 月 8 日，盟军开始登陆非洲，起初，我只是单纯地执行上级指示。但随后，我发现此举不妥，于是我下令停止抵抗，以免造成不必要的伤亡，且与盟军作战有违我们之间的深厚感情。由于违背维希政府的指示，不愿继续对抗盟军，我开始听从美国军事当局的指示，只有这样才能不违背我当初许下的誓言。11 月 11 日那天，我听闻德军撕毁停战协议，全面占领法国，贝当元帅对此提出严正抗议。经过一番深思熟虑之后，我决定恢复行动自由，于是，在忠于贝当元帅的前提下，我选择了一条对法兰西帝国最有利的路，即加入盟军对抗轴心国。

在法属非洲最高当局及舆论的支持下，我以法国政府首脑临时代理人的身份在非洲组建了武装指挥部并下令让法军同盟军协同作战。自那以后，我便开始成为法属西非地区的

① 加拿大驻维希政府大使。——译者注

最高领导人。倘若我没有假借贝当元帅之名，我可能只是被别人当作异端分子，永远也不能取得这样的成就。我坚信，正在以自己独特的方式同德军作战的法国人一定能与盟国重修旧好，但我认为此刻他们仍然得单独行动。因为你也知道，此刻有人（尤其是法属西非地区）对此有着强烈敌对情绪，我无法更进一步。我不想伤害任何人，我希望大家能够互惠互利。眼下最重要的事便是打败轴心国。法国解放后该实行什么样的政治体制，谁又来出任领导，这些都由法国人民自行决定。

首相先生，你和罗斯福总统发表联合声明称，将帮助法国恢复 1939 年时的完整主权，在此，我向你表示深深的感谢。当法国收复失地、重获自由时，我也就无憾了，届时，我唯一的愿望便是归隐山林。

首相先生，请接受我最崇高的敬意。

法国舰队司令　弗朗索瓦·达尔朗

阿尔及尔

1942 年 12 月 4 日

* * *

身处伦敦的我们对英国本土的实力了如指掌。此时，举国上下士气高涨，我们对即将到来的一切充满自信。当然，这并非外人眼中的盲目自信，也并非夸夸其谈，这样的自信源于我们对局势的清醒认识。我在下议院的讲话都基于我们对事实的仔细研究（对于某些问题，我们这些年一直在研究）。这些天来，我和专家、顾问们仔细研究了德国入侵问题，我将在下文做出详细说明。但在此之前，我还要讲述一件悲惨的事。

此刻，大不列颠正面临着致命的危险：法国海军可能会落入德国和意大利舰队手中；日本也开始虎视眈眈。这一切也将严重危及美国的安全。德法停战协定中的第八条规定，法国只能保留部分舰队用来保卫法兰西帝国利益，"其余都要集中到指定港口，并在德国和意大利的监督下解除武装，遣散所有船员"。很明显，这意味着全副武装的法国战舰将移交由敌军控制。的确，德国在条款中宣称无意在战时使用这些舰只为自己服务，但若要执行海岸巡逻和扫雷任务则另当别论了（这一条款的解释权归德国所有）。在目睹了希特勒的一系列丑行之后，敢问谁还会愚蠢到相信他的话？此外，德国可能会以任何理由随时撕毁停战协定。因此，我们并不能寄希望于此，我们必须不惜一切代价和风险，想方设法避免法国海军落入敌人手中，从而避免对我们及其他国家造成致命的伤害。

在这一问题上，战时内阁从未有过丝毫犹豫。那些在一周前还想要与法国结成永久联盟，成为一个国家的阁员们此刻表现得十分坚决。他们提出要不惜一切代价，避免法国舰队落入敌军之手。然而，这是我做过的最艰难、最痛苦、最违背天性的一个决定。这让我想到1801年纳尔逊领导的哥本哈根海战。况且就在昨天，法国还是我们的盟友，我们十分同情法国的悲惨遭遇。但这事关英国人的性命和我们想要拯救人类的事业。为了不列颠人民的性命和不列颠的一切，我们不得不这么做。这是一场古希腊式的悲剧①。这让我想起丹东②在1793年说的话："倘若各国国王联合起来威胁我们，那我们就砍掉其中一个国王的头颅，抛到他们脚下并向他们宣战。"这句话成为我们后来行动的指导思想。

*　　　*　　　*

法国海军的部署情况如下：两艘战列舰，四艘轻型巡洋舰（也是一种驱逐舰），几艘潜水艇（包括一艘很大的"苏尔古夫"号在内），八艘驱逐舰，以及约二百艘比较小的但是很有用的扫雷舰和反潜舰只。

---

①　即所谓的"命运悲剧"，即使知道命运无法反抗，但仍然要反抗命运。——译者注
②　乔治·雅克·丹东（1759—1794），18世纪法国大革命领袖。——译者注

其中，大部分都停靠在朴次茅斯和普利茅斯，这些舰只都在我方势力控制下。亚历山大港有法国战列舰一艘，法国巡洋舰四艘（其中三艘是配备八英寸口径舰炮的新式巡洋舰）和一些小型舰只，皆由一个强大的英国战斗舰队掩护。此外，地中海另一端的奥兰及其附近的米尔斯克比尔军港，还停泊着两艘装备最精良的舰只——"敦刻尔克"号和"斯特拉斯堡"号。这两艘新型战斗巡洋舰的实力远超德国海军的"沙恩霍斯特"号和"格兰森诺"号，当时建造这两艘军舰的目的就是为了彰显法国海军实力高于德国。倘若这些舰只落入德军手中，将对我们的贸易航路产生影响。此外，该地区还有两艘法国战列舰、几艘轻型巡洋舰、一些驱逐舰、潜水艇和其他舰只；阿尔及尔停靠着七艘巡洋舰（其中四艘配备八英寸口径舰炮）；马提尼克有一艘航空母舰和两艘轻型巡洋舰；卡萨布兰卡停泊着"让·巴尔"号战舰，该舰刚从圣纳泽尔驶来，还未装上舰炮，但在今后的世界海军历史上占有重要一席。该舰尚未完工，也不可能在卡萨布兰卡完工，因此无法驶往别处；即将完工的"黎歇留"号已开到达喀尔，该舰已经可以下水航行，船上的十五英寸口径舰炮也已经装备完毕；在我方势力范围之外的土伦还有一部分战舰；其他各港口还有一些不是十分重要的舰只。战时内阁制定了"弩炮计划"，目标是夺取、控制所有我们能靠近的法国舰队，或有效地使之作废，或予以击毁。

首相致伊斯梅将军：

1. 海军部作出指示，除"纳尔逊"号战列舰和它的四艘驱逐舰留守国内外，其余舰只将于 3 日拂晓开始实施"弩炮计划"。

2. 从 2 日晚到 3 日凌晨，应在朴次茅斯、普利茅斯、亚力山大和马提尼克港（如有必要）全面实施"弩炮计划"。同时，应密切关注达喀尔和卡萨布兰卡的动静，做好预防措施，防止任何有价值的舰只逃脱。

1940 年 7 月 1 日

鉴于目前形势异常严峻，我还补充道：

> 海军部应当将英吉利海峡的小型舰队扩大至四十艘驱逐舰，派巡洋舰加以援助，应努力在未来的两到三天内达到这种实力，并维持两周，届时再行商议。但这样的部署势必会让西部航道遭受损失，对此，我们要坦然接受。请每日向我汇报朴次茅斯和泰恩河之间的巡逻舰情况和可用的舰只数。

*　　*　　*

7月3日晚，我们控制了停泊在朴次茅斯和普利茅斯港的所有法国舰只。由于此次行动较为突然，法国舰队一定颇为震惊。我们投入了庞大的海军力量，整个事件也表明，若德国想夺取停泊在德军控制范围内的港口的法国舰只，那也是轻而易举的一件事。英国境内的法国舰只，除"苏尔古夫"号稍作抵抗外，其余舰只都与英国海军顺利交接，舰上的法国船员都自愿上岸。有两名英勇的英国军官和一名一等水兵在"苏尔古夫"号上被打死，[1] 还有一名水兵受伤。除此之外，还有一名法国水兵遇难。但我们还是竭尽全力安抚舰上的法国水手，最后该舰上有上百名水手自愿追随我们。在今后的日子里，"苏尔古夫"号立下了赫赫战功，最终于1942年2月19日沉没，船上的英勇的法国海军们全部遇难。

*　　*　　*

"弩炮计划"的主战场在地中海西部。7月1日凌晨两点二十五分，位于直布罗陀的由海军中将萨默维尔率领的"H"舰队（辖战列

---

[1]　海军中校 D. V. 斯普拉格（皇家海军）、海军上尉 P. M. K. 格里费兹（皇家海军）和一等水兵 A. 韦伯（皇家海军）。

巡洋舰"胡德"号、战列舰"英勇"号和"坚决"号、航空母舰"皇家方舟"号以及巡洋舰两艘、驱逐舰十一艘）接到海军部指示：

> 准备于7月3日实施"弩炮计划"。

萨默维尔手下有位杰出的军官霍兰德上校，他很有影响力，最近刚接任驻巴黎海军武官一职，他本人十分同情法国的遭遇。7月1日午后不久，海军中将发来电报：

> 在同霍兰德和其他人员商议后，"H"舰队指挥萨默维尔认为应当尽力避免与法军发生武装冲突。霍兰德认为，倘若采用武力手段，便会让法国人心生隔阂。

下午六点二十分，海军部回复道：

> 英王陛下政府心意已决，倘若法国海军拒不遵命，就只能诉诸武力，将其彻底毁灭。

晚上十二点过后不久（7月2日凌晨一点零八分），萨默维尔收到指示向法国舰队司令传达下列措辞严谨的声明：

英王陛下政府下令让我将下面的文件转达给你：

英国政府同意法国政府与德国政府进行和谈，但前提是法国舰队必须在缔结停战协议前开往英国港口，以免落入敌人手中。6月18日，内阁会议发表声明：在陆军投降之前，法国舰队应加入英国海军，否则就请自行凿沉舰只。①

现任法国政府可能会觉得同德国和意大利签订的停战协议中的条款和这些承诺并不冲突，但据我们过往的经验来看，英王陛下政府相信，德国和意大利一定会在合适的时机控制法国的战舰，用它来对付英国和它的盟国。法意停战协定规定：法国舰只应返回本国主要港口，法国还应提供舰只，用于海岸防御和扫雷。

作为你们的盟友，我们无法容忍这些精良的法国舰只落入德国或意大利手中。我们势将战斗到底，倘若我们取得胜利（我坚信这一点），我们永远都会记得法国是我们的盟友，我们与法国共命运，有着共同的敌人——德国。我们在此郑重宣布，倘若我们取得胜利，我们将帮助法国恢复往昔的荣耀和版图。因此，我们必须确保这些精良的法国舰只不会落到敌人手中，以防敌人用这些舰只来对付我们。于是，接英王陛下政府旨意，我向驻扎在米尔斯克比尔和奥兰的法国舰队开出下列条件：

1. 随我们出港，继续对德国和意大利作战，直至取得最终胜利。

2. 裁减船员，并在我们的监督下驶往英国港口。尽早将被裁掉的船员遣返回法国。

倘若你们愿意采取上述任一种措施，我们都将在战后归还你方所有舰只，若有任何损毁，我们也将悉数赔偿。

3. 或者，倘若你们坚持停战条约的规定——法国舰只不能在德国或意大利撕毁停战协定前，对他们做出任何敌对行动，那就裁减船员，随我们驶往西印度群岛的一个法国港口

———————————

① 这段话曾引起误解。6月14日前，海军上将达尔朗还同意应在特定情况下将法国舰队开往英国港口。6月18日，达尔朗出任海军部长。从那以后，以贝当元帅为首的新政府拒绝保证一定会满足英国政府提出的要求。因此，这一段的第二句话就不再代表法国政府的立场。危急时刻，海军部的相关人员对这一临时变化并不知情。

（比如马提尼克），并按我方要求解除武装，或者将军舰交给美国妥善保管，直至战争结束，可将船员先行遣返回国。

倘若你方拒绝以上公平合理的条件，我必须深表遗憾，只能要求你方在六小时内自行凿沉军舰。

最后，倘若你方未能按照上述要求行事，我只能奉英王陛下政府之令，动用一切力量，阻止你方舰只落入德国或意大利之手。

7月2日晚，我让海军部给海军中将发了一封电报（于晚上十时五十五分发出），详见下文：

这是英国海军部有史以来做的最困难的一次决定，此次计划由你全权负责。我们对你有充足的信心，相信你一定能够坚定不移地执行既定方针。

于是，英国舰队于3日拂晓起航，约九点三十分抵达奥兰附近。萨默维尔派霍兰德上校亲自乘驱逐舰，前去拜见法国舰队司令让·苏尔。由于让·苏尔将军拒绝会面，霍兰德上校只得派信使将上文中提到的英国开出的条件送到法国人手中。让·苏尔将军书面回复道："法国战舰绝不会完好无损地落入德国或意大利手中，倘若英国人坚持采用武力，法国也将还以颜色。"

谈判持续了一整天。下午四点十五分，霍兰德上校获准登上"敦刻尔克"号，但随后与法国舰队司令的会面却异常冷漠。此前，让·苏尔给法国海军部发去两封电报，下午三点，法国内阁会议开会商讨英国提出的条件。魏刚将军出席本次会议，他的传记作者记下了发生的一切。从中可以看出，我们开出的第三个条件，即将法国舰队开往西印度群岛，似乎没有被提及。他说："海军上将达尔朗当时并没有告知我们这件事情的详情，我也不知道他是不是故意的，还是他自己也没有理解我们开出的条件。现在看来，英国在最后通牒中开出的条件也不像我们当时想的那么苛刻，且第三个条件也是非常不错的，即将法国舰队开往西印度群岛。"① 对于这一遗漏（如果可以算得上是遗漏的话），至今也没有人给出任何解释。

从前方传回的消息可以明显地看出，此时萨默维尔和他的副官们有多么痛苦。然而，我们此刻只能下令让他们对这些昔日的盟友们开火。海军部的每一个人也都于心不忍，但战时内阁心意已决。整整一下午，我都坐在内阁办公室里，同一些政要以及海军大臣和第一海务大臣保持着密切的联系。下午六点二十六分，我们发出了最后一封电报：

> 法国必须接受我们开出的条件，不然就请于天黑之前自行凿沉舰只或由你方击沉。

然而，此时行动已经开始了。下午五点五十四分，舰队司令萨默维尔已经向这支拥有海岸炮掩护的强大的法国舰队开火。下午六点，双方你来我往，激战正酣。轰炸持续了约十分钟，随后，"皇家方舟"号上的海军飞机又开始出动，发动猛烈攻击。其间，"布列塔尼"号战列舰被击沉，"敦刻尔克"号搁浅了，"普罗旺斯"号战舰冲上了沙滩。另一艘法舰"斯特拉斯堡"号逃走了，该舰虽然遭到我们空投鱼雷攻击，但仍然同从阿尔及尔赶来支援的驱逐舰一起成功驶进了土伦港。

亚历山大港方面，经历了长时间的谈判后，英国舰队司令坎宁安终于说服法国舰队司令戈德弗鲁瓦放出燃油，卸载大炮装置的重要零件并遣返部分船员。达喀尔港方面，7 月 8 日，航空母舰"赫尔米兹"号向法国战列舰"黎歇留"号发动进攻，其中一艘汽艇表现尤为英勇。"黎歇留"号战列舰被空投鱼雷击中，受损严重。停泊在马提尼克岛的一艘法国航母和两艘轻型巡洋舰，在经过长时间协商后，同意

---

① 雅克·魏刚：《魏刚将军的任务》。

解除武装，并由美国接管。

7月4日，我向下议院详细汇报了我们采取的一系列行动。尽管当时我并未上报战列巡洋舰"斯特拉斯堡"号从奥兰逃脱以及"黎歇留"号遭到重创的消息，但经过这一系列行动，德国已经不会再对法国舰队有所觊觎。当天下午，我大概说了有一个多小时，将我所知道的这令人黯然神伤的一切都做了汇报。我的报告十分详细，包含了我所知道的一切。为了让我的报告前后对称，我觉得最好在结尾处加上一份说明，来阐明当前的局势以及我们为什么要做出这一痛苦的决定。于是，我向下议院宣读了经内阁批准的，并于前天开始在政府内部官员间传阅的一封警告书。

> 此刻，敌人随时可能入侵，英国本土随时可能爆发战争，首相希望所有在政府中担任要职的人员（无论是在作战部门还是民事部门）能够保持警惕并充满自信。既然我们已经做好了万全准备，就没必要担心无法安全登陆英国的德军（不管是空降还是从海上登陆）。目前，英国皇家空军秩序良好，实力空前强大，同样强大的还有英国本土的陆军实力。相比之下，德国海军实力却是空前孱弱。首相希望所有在英王陛下政府中身居要职的诸位都能以身作则，沉着冷静并保持坚定的决心。他们应关注身边的人及下属的言行，若出现一些散漫和扭曲的言论，应加以制止。倘若有任何军官和官员故意散播消极情绪或制造恐慌，应当立即上报，并在必要的时候将他们革职。只有那些在海、陆、空方面毫无畏惧地与敌人战斗过的有军事才能的人，才能真正意义上被称为战士。

我在读这篇警告书时，下议院里一片沉寂，但快结束时发生的一幕是我从未遇到过的。议员们全体起身鼓掌，欢呼声久久未能平息。在此之前，保守党对我总是有所保留。我原来每次走进下议院或在一些重要场合发言时，最热烈的掌声一般都来自于工党席位。但是现在，

这庄严的、响彻云霄的掌声和欢呼声表明各党派终于团结在一起了。

我们用如此粗暴的方式迅速解决了法国海军这一隐患，这对每个国家都造成了深远的影响。大不列颠（很多人认为已经快撑不下去的国家，很多不了解情况的人认为英国很快就要在强大的敌军面前投降）对昔日的亲密盟友的这一残忍举动为它自己换来了短暂的制海权。这彰显了英国战时内阁无所畏惧、一往直前的精神。事实也确实如此。

* * *

7月1日，贝当政府迁往维希，想继续作为非占领区的政府。在得知奥兰事件后，他们下令动用空中力量在直布罗陀地区发动反击，于是，非洲基地的战机起飞，对该港进行了轰炸。7月5日，他们正式宣布与大不列颠断绝关系。7月11日，总统勒布伦退位，国民议会通过决议（其中，五百六十九票赞成，八十票反对，十七票弃权以及数名人员缺席），授权贝当接任政府元首。

法国人特有的天性让他们能够理解奥兰事件的重要性，他们能从痛苦中重新找到希望和力量。戴高乐将军（在奥兰行动前，我并没有征询过他的意见）表现得十分高尚，之后的法国解放并得以恢复往日风采，证明他的所作所为都是正确的。泰让先生告诉了我一个小故事，对此我十分感激。故事发生在土伦附近的一个村庄里，村里住着两户农家，两家的儿子都是水手，且都在奥兰行动中被英国的炮火打死。下葬那天，全村人都前往哀悼，两户人家都一致要求在棺材上盖上英国和法国的国旗，他们的要求也得到了满足。从这件事情中，我们可以看到这些平民百姓的情怀也十分高尚。

* * *

此刻，美国政府的高级官员们深感欣慰，大西洋似乎又重新成了他们的屏障，他们现在又有充足的时间来备战。自奥兰事件之后，没

有人再对英国坚持斗争的决心产生怀疑，眼下的唯一问题是，英国会不会被敌军征服？这一问题很快便将见分晓。

第四章

FOUR

部署反击

"桑葚"人工港的雏形——关于反攻的指示——"哥曼德突击部队"——坦克登陆艇和伞兵——一次能运送两师人的海上运输——成立联合作战指挥部——罗杰·凯斯爵士的任命——联合计划委员会由国防大臣直接领导——登陆艇建造工作的进展——致罗斯福总统的电报——我一贯主张装甲部队在欧洲海滩登陆

关于"敦刻尔克奇迹",我的第一反应是借机发动一次反攻来适当的对此加以利用。眼下很多事情尚未明朗,因此我们有必要重新掌握主动权。6月4日,我忙于准备在下议院的演讲(我在上文提过),一忙完之后,我便急忙对那些我认为目前应当做的、可以支配我们思想、鼓舞我们行动的事项发出指示。

首相致伊斯梅将军:

尽管我们手握制海权且空中防御力量也十分强大,但我们仍然担心(有此担心也是有道理的)德国会登陆英格兰作战。每一处海湾、沙滩和港口都不安全,敌人可能会从任意地点登陆。除此之外,德国还有可能会出动伞兵,横扫并夺取利物浦或爱尔兰等地。如果这些危机意识能激发出我们的能量倒也还好,但如果德国可以不惧我们的海军力量,轻而易举地向英国发动进攻,可能有人会问:"为什么我们不能用同样的方法进攻德国呢?"过去那种一味防守的观念已经让法国沦陷,我们决不能重蹈覆辙,丧失战争的主动性。若能在被德国占领的沿海地区最大限度地牵制住德国兵力,定会大有裨益，而且这些地区的人民和我们的关系十分友好，因此我们必须立即采取行动，组织袭击部队向这些沿海地区发起攻击。所组建的队伍必须装备齐全且能独立行动，每个单位人数约一千人，加起来总数不能超过一万人。

为达到突袭的效果，这些部队在采取攻击前应当对进攻点绝对保密。从敦刻尔克撤退中我们得知，必要时，军队可以很快撤到（我认为也可以很快前往）指定地点。想想德国搞不清我们下一步进攻地点的样子就很美好，这样我们就不必花心思在英伦三岛上构建防御工事了！我们必须要努力摆脱敌人对我们的精神压迫并从敌人手中夺回主动权。

1940 年 6 月 4 日

伊斯梅将我的意思转达给各参谋长们，他们在原则上同意我的看法，这也体现在很多行动中。慢慢地，这也成了我们的办事方针。此刻，我的重心全部放在坦克事宜上，坦克不仅应该用来防御，更应用来进攻。这就要求我们需要建造大量的坦克登陆艇，这也是我日后一直关注的一个问题。由于这个问题会对将来产生重要影响，我觉得现在很有必要说出我一直以来的想法，这个想法很早以前就在我的脑海里，此刻又一次浮现出来。

* * *

我对两栖作战一直很感兴趣，并一直想要建造特制的登陆艇来运送坦克，以从海上登陆达到出其不意的效果。1917 年 7 月 17 日，也就是我在劳合·乔治政府任军需大臣的十天前，我在没有任何专家的帮助下独自制定了夺取弗里西安群岛中的博尔库姆岛和许尔特岛的计划，意图为小型舰队和巡洋舰以及当时的空军提供海外基地，方便在数量上占优的英国海军作战，同时也能借此严密封锁并减轻敌军潜艇战带来的压力（当时敌军潜艇频繁向我国在大西洋上的供应线发起冲击），为美国往法国运送军队扫清障碍。劳合·乔治先生对我的计划赞赏有加，还特地让人印出来在海军部和战时内阁传阅。

下面这段（第二十二段）从未公布，其文如下：

> 部队在登陆博尔库姆岛或许尔特岛时，舰队的炮火应当予以掩护，同时防鱼雷运输舰上的防弹登陆艇也应释放气体或烟雾来协助部队登陆。大约需要一百艘这样的登陆艇才能运送一个师的部队登陆，除此之外，还应准备一定数量（大约五十艘）的登陆艇来运送坦克，这些登陆艇上都应该至少有一辆坦克的头部装有用来破坏铁丝网的装置。坦克登陆后便可为步兵进攻碉堡或炮台时扫清铁丝网障碍。这是一种全新的理念，解决了之前的一大难题，即如何先派遣野战军迅速登陆以切断铁丝网。

除此之外，还有一段（第二十七段）：

> 鉴于敌军对博尔库姆岛的安危十分敏感，这就出现了另一个问题。敌人可能提前接到风声，知晓我们的登陆地点并事先派精锐部队加强防御。但话又说回来，接驳船的挡板可以有效地防御敌人的机枪，且由于舰只数量众多，敌军的重炮（重型机枪的火力）不会对登陆造成太大的影响。在此，我建议加大坦克数量，特别是高速轻型坦克，这样就可以在敌军未提前设防的情况下实施行动。这些新的措施对战争很有帮助，值得仔细斟酌。

* * *

与此同时，我还提出了一个备选方案，即在荷恩礁（往北）浅水区建造人工岛（第三十段）：

还有一个方案值得商榷，该方案如下：准备一些平底船或沉箱（船和沉箱应当用混凝土做成而不是钢材），投放在恒伯河的哈里奇段、瓦什湾、梅得威河和泰晤士河。在统一计划后，规定好每艘船或箱子沉入的深度。在将水排出后可以将它们拖拽到人工岛选址地区（选址地用浮标做标记），待到达后将其嘴管打开，沉入水底。如有可能，我们可以用绞吸挖泥船①来将其填满泥沙。倘若成功的话，我们就能在海上建造一个类似珊瑚礁的防鱼雷和恶劣天气的港口，为驱逐舰和潜水艇提供停靠地点，同时也为飞机降落提供平台。

　　这一方案如果可行的话，还可以加以改良，将其应用到其他地方去。对于这些混凝土船，或许我们可以将其设计得可以承受住一个完整的重炮炮台，这样船在外舱进水后便能立在海底，像索伦特海峡②上的堡垒一样，可以放置在任何指定地点。与此同时，我们还可以建造一些其他可以沉入水底的混凝土结构，内含储藏间、油箱或者生活舱。当然，光说是没有用的，这一系列行动必须要经过专家研究，现在在这里提到的也只不过是零部件的制造、运输和组装，以及人工岛和驱逐舰基地的装配和放法。

　　倘若这一计划在技术上确实可行，那我们就不用冒险派兵去猛攻那些提前设防的岛屿了。在建造这些水泥船的时候，德国人可能会有所察觉，但他们可能自然而然地认为这只是为了封锁河口所采取的措施，这样便能达到出其不意的效果。届时，只有当这些岛屿或防浪系统真正建造起来时，敌人才能察觉我们的真正意图。

　　要实施这些工程无论如何也得需要一年的准备时间。

---

　　① 用挖泥船（有的用挖沙船）的泵（有的带有长管道）将圈外海底的沙水一起吹进目标圈内，海水流出圈外，沙就留在圈内，圈内的海面就渐渐地被不断吹进的沙填成了陆地。——译者注
　　② 英吉利海峡中的小海峡。——译者注

这一计划在帝国国防委员会的档案里搁置了近二十五年。这一计划本应作为独立的一章在《世界危机》中出现，但由于篇幅限制且该计划并未实施，因此便未被收录。这也是件好事，因为这一计划更适用于现在这场战争，且德国人必定已经仔细研究过我之前写的关于战争的书籍。事实上，任何一个处在我这个位置上的人写的东西，都会被敌方的参谋长们当作日常任务来加以研究。这一旧文件体现的理念已经深深地刻在我的脑海里，也成为我们现在的行动指南，经过长时间的酝酿后，最终在1943年的强大坦克登陆艇舰队和1944年的"桑葚"人工港①中得以体现。

*　　*　　*

1940年6月6日又是忙碌的一天，带着获救后的喜悦和对未来的憧憬，我拟了一系列备忘录，下令开始设计建造坦克登陆艇并对相关单位进行督促。

> 首相致伊斯梅将军：
> 关于昨天（标注为6月4日的备忘录）提到的进攻行动，我在这里做进一步说明：当澳大利亚军抵达时，是否可以将其以二百五十人一组编成分遣队，并配备手榴弹、迫击炮、手提机关枪、装甲车之类的武器，让他们不仅能承担本土防御任务，还能胜任在敌军现在所控制的国家（这些国家与我们保持着友好关系）的海岸登陆任务。我们决不能有这样的念头，即海峡对面的各港口和土地都是敌人的领土。关于派特遣人员前往丹麦、荷兰、比利时和法国沿岸一事，你们安排得怎么样了？我们一定要敢于进取，可以先派出经过特殊训练的猎手，执行"打了就跑"的方针，从而造成敌方统治

---

① 法国北部海面为登陆而建立的人工港口。——译者注

区的恐慌；随后，一旦我们整编完毕，我们便可以突袭加来或布洛涅，剿灭德国守军，占领德军要塞，直至我方做好猛烈围攻该地区的准备后才离开。我们必须停止过去那种被动抵抗的局面。我期待联合参谋部能制定出新的针对德国占领的全部海岸地区的大规模的进攻措施。必须把坦克和装甲车装在平底船上，这样它们便可以从海上登陆，发动突袭，破坏敌方的重要交通线，杀敌人个片甲不留，随后再由海上撤离。一旦德国派精锐部队进攻巴黎，那么德国防线上的士兵力量便较为一般。因此，我们必须采取以下措施，来收拾这部分敌军：

1. 建议组建袭击连队。

2. 鉴于我们（并非敌军）手握制海权，因此，我建议运送坦克从海上登陆。

3. 必须在整个沿海地区建立间谍和情报系统。

4. 部署一支五千人的伞兵队伍。

5. 立刻将六门十五英寸口径的大炮（射程可达五十或六十英里）组装好（装上内管），并将其固定在铁路或钢筋混凝土的炮台上，以压制德军火力（德军必然在四个月内向海峡这边开火）。

1940 年 6 月 6 日

随后，上文提到的措施都付诸实施了。"袭击连队"改成了"哥曼德突击队"，其中十个连的队员是从正规军和皇家海军陆战队抽调而来。这支突击队伍的核心早在挪威战役中便已成形。我会在下文详细介绍射程可横跨英吉利海峡的重炮。然而，让我十分后悔的是，我曾同意将英国伞兵部队从之前提议的五千人缩减至五百人。

＊　　＊　　＊

我总是不时地想起建造登陆艇一事，我觉得，这一方面对我们来说是极大的考验，另一方面也是未来对抗敌军的方式。小型攻击艇的建造早在战争爆发前就已经开始了，且已经有部分舰只在纳尔维克战役中投入使用。不幸的是，大部分舰只都在该战役和敦刻尔克撤退行动中损毁。我们现在需要的不仅是可以挂在军队运输舰上的小艇，还需要可以运送坦克和大炮登陆并将其卸在海滩上以发动攻击的远洋舰。

首相致军需大臣：

设计并建造将坦克运往海峡对面、向敌国发起攻击的舰只这一工作进行得怎么样了？可以将这一工作移交给前海军造船总监霍普金斯先生，由于"六号耕地机"① 已经退出历史舞台，因此他必定很闲。这些舰只必须能一次性将六七百辆坦克卸载在海滩上或从陆上运走，当然也能将坦克卸在码头——如有可能，最好能将二者结合起来。

1940 年 7 月 7 日

首相致伊斯梅将军：

此前，我曾让陆军部制定一份组建装甲师的计划表，这些装甲师需在 1941 年派上用场，该计划具体如下：到 1941 年 3 月底应当有五个装甲师，以后每月增加一个，到 1941 年 8 月底应当共计有十个装甲师。以上提到的装甲师应当配备装甲车及其他各色辅助车辆。

让陆军部向我汇报该计划的最新进展情况，坦克生产进度是否赶得上之前所定的计划。

此外，向我汇报用于海上运输的舰只制造情况，这些舰只应当达到一次性可以运送两个装甲师的要求。这件事谁负责？海军部还是军需部？霍普金斯先生可能有空闲时间，我建议让他来负责这件事。

---

① 军用掘壕机，用于进攻有防御工事的战线。

1940 年 8 月 5 日

首相致伊斯梅将军：

关于从海上运送装甲车登陆海岸的舰只的设计和研发情况，请再给我一份详细汇报。

1940 年 8 月 9 日

7 月，我设立了一个独立的联合作战指挥部，由海军元帅罗杰·凯斯爵士担任司令，该指挥部隶属参谋长委员会，负责研究联合作战事宜。由于罗杰·凯斯爵士与我和国防部私下联系甚密，由他来负责这项特殊任务可以有效地避免本位主义。

首相致伊斯梅将军和爱德华·布里奇斯爵士：

我已任命海军元帅罗杰·凯斯爵士为联合作战指挥部司令，接手鲍恩将军的职务和手中现有的资源。告诉鲍恩将军，由于联合作战的范围即将扩大，我们需要一个高级别的长官来负责此事，这一改变并不会对他和他的下属造成任何影响，他要做的便是有效地配合罗杰·凯斯爵士的工作。对于他任皇家海军陆战队军务署署长时所做的工作，我予以高度评价，无论如何，皇家海军陆战队应在这一机构中起主导作用。

将来在规划相关事宜时，罗杰·凯斯爵士可以通过伊斯梅将军（代表国防大臣）与三军各部取得联系。

1940 年 7 月 17 日

*　　*　　*

国防大臣办公室从成立之初到逐渐掌权的过程都十分顺利，我在之前已经提到过。8 月底，我第一次做了一件很官方的决定，我觉得这个决定很有必要。此前，联合计划委员会一直听命于参谋长委员会，视参谋长委员会为他们的顶头上司。虽然这一重要机构至今为止还未有大作为，但我觉得有必要由我来亲自领导。因此，我让战时内阁下令批准这一变动，这得到了所有同僚的同意，于是，我发布了下列指示：

> 首相致伊斯梅将军和爱德华·布里奇斯爵士：
>
> 1. 从下周一开始，联合计划委员会将成为国防大臣办公室（前帝国国防委员会秘书处）的一部分，由国防部直接领导。该委员会总部设于里奇曼台街，同时保留其在三军各部的现有地位不变，继续同三军各部保持联系。他们负责为国防大臣提出的方案制定具体实施细节，也可以在和伊斯梅将军商议后独立制定自己的计划。当然，他们应服务于参谋长委员会，并对参谋长委员会下达的任务加以商讨和研究。
>
> 2. 联合计划委员会自己制定的或是接上述部门指示负责制定的计划都需经参谋长委员会审核。
>
> 3. 此后，如果有任何争议、疑虑或碰到重要事项，所有的计划都要经由战时内阁国防委员会讨论，国防委员会由首相、掌玺大臣、比弗布鲁克勋爵和海、陆、空三军大臣组成，三军参谋长和伊斯梅将军也将列席讨论会议。
>
> 4. 首相应向战时内阁汇报最新的进展情况，但参谋长委员会和战时内阁的关系不变。
>
> 1940 年 8 月 24 日

对于以上指示，参谋长委员会未有异议。然而，约翰·迪尔爵士给陆军大臣写了一份备忘录，关于信中所提内容，我再次做出如下承诺。

> 首相致陆军大臣：
>
> 联合计划委员会可以向我"提出军事上的建议"，关于

这一点不存在任何问题。他们只是根据我的指示制定出具体的计划，至于这些计划或往后的任何改动会不会被接受，与现在的情况一样，取决于参谋长委员会。显然，参谋长委员会也有向战时内阁、首相或国防大臣提出建议的集体责任。我们没有必要改变参谋长委员现有的宪法所规定的地位，而且我提议应当和以前一样同他们密切合作，并通过他们开展一些具体工作。

我觉得很有必要将联合计划委员会纳入我的直接管辖范围内，因为战争爆发一年后，我便记不清现有体制下制定的任何一项计划了。我相信你和其他两位大臣能帮我做出正确的指示，从而让战争向着积极的方向发展，改变现在因效率低下和懒惰造成的处处被敌人压制的局面。

当然，随着时间的推移，联合计划委员会的人数也应当不断扩充。

1940 年 8 月 31 日

事实上，这一新变革进展得轻松顺利，我印象中并未出现任何阻力。

*　　　*　　　*

从那以后，我们便投入大量精力到各类坦克登陆艇的研发和生产中去，为此，海军部还专门成立了一个部门负责此事。1940 年 10 月，第一艘坦克登陆艇已经进入测试阶段。由于这些舰只太小，第一批大约只生产了三十艘。随后，研发人员又做了一系列改良。为了方便运输，我们并未制造太多完整的舰只，而是将其分为各个部分，待运送到中东之后再组装。1941 年夏，这些零部件开始陆续抵达中东。这些舰只在后来充分体现了它们的价值，随着我们的经验越来越丰富，后来制造的这些奇特的舰只性能也稳步提升。海军部十分担心这些舰只的建造会大量占用造船业的资源，所幸这些制造工作可以由那些没有承担造船任务的建造公司负责，这样便不会对大造船厂的人力和物力造成影响。这样，我们原先预期的大量制造这类舰只的计划得以实施，但船的大小受到了限制。

坦克登陆艇适合横跨英吉利海峡作战，或至多在地中海区域行动，并不适合远距离航行。因此，我们需要一种更大且更适合海上航行的舰只，这种大型舰只不仅能运送坦克和其他车辆，还应像坦克登陆艇一样能将这些坦克和车辆卸载在沙滩上。于是，我下令研发这样的舰只，起初这种舰只被命名为"大西洋坦克登陆艇"，不久后又改名为"坦克登陆舰"。建造这样的舰只不可避免地会占用造船资源（此时，造船厂正急于建造大型舰只），因此，第一批坦克登陆舰（被海军部命名为"温奈特"）只建造了三艘，其余的由美国和加拿大定制，他们在之前的设计上又进行了改良。为了运输坦克，我们将三艘吃水较浅的油船改造成坦克运输舰，这三艘舰只后来派上了很大的用场。

1940 年底，我们对于两栖作战已经有了很成熟的了解。特殊登陆舰只及其他各色配套装备的生产也正如火如荼地进行，用于两栖作战的部队也在联合作战指挥部的号召下得以组建并接受训练。我们在国内和中东地区都设置了训练中心，用来为两栖作战做准备。待这些理念和实践成型后，我们便将其引荐给我们的朋友——美国。经过几年的努力，这一成果日益显著，后来在关键时刻大放异彩，成为我们行动计划中不可或缺的重要部分。我们在早期所做的工作对后来的战争产生了深远的影响，因此我必须提前说明我们后来所取得的重要进展。

1941 年夏，参谋长委员会指出我们现在建造的这些登陆艇只适用于小规模行动，若想重新夺取欧洲大陆，就必须投入更多努力，这远非我们当时所能及。彼时，海军部已经设计好新的坦克登陆舰图纸，随后我们将这些图纸送到美国并与他们共同商量改进细节。1942 年 2 月，这一舰只在美国大规模投产。新的舰只被称为坦克登陆艇二号，在后来的所有行动中都起到了重要作用，为解决长期困扰我们的难题（将重型车辆卸载在沙滩上）立下汗马功劳。最终，美国建造了一千艘此类舰只。

与此同时，英国和北美正紧锣密鼓地制造各色用来攻打大陆用的小型舰只。这些舰只需要由运送进攻部队的舰只运往作战地点。因此，我们便着手对英国和美国的部队运输舰进行大规模改装，让他们能够携带这些舰只和大量其他特殊设备。这些舰只被称为"步兵登陆舰"，其中一些被编入皇家海军，其他的则继续保留商船的身份，这些船主和船员们在我们后来发动的一系列进攻行动中都很好地完成了任务。这些舰只源源不断地在护航舰队中穿梭，将增援部队运到中东和其他地方，当然途中不可避免地会有牺牲。1940 年至 1941 年间，由于我们投入大量精力在潜艇战中，因此投入登陆艇生产工作的力量十分有限。截至 1940 年底，只有不到七千人负责登陆艇的制造工作，1941 年也并未有多少改观。然而，到 1944 年时，光英国就有七万多人投入到这项巨大的工程中去，美国的人数更多。

*　　*　　*

鉴于这项工作对日后战争的发展起着至关重要的作用，因此，我在这里附上一封我于 1941 年给罗斯福总统发去的电报：

> 我们一直在思考我们在 1942 年和 1943 年的作战计划。在确保主要的基地安全后，我们很有必要最大限度地发动人力来夺取胜利。从大的方面来说，首先，我们应对敌军加强封锁和宣传；其次，应对德国和意大利实施不间断的、越来越猛烈的轰炸。单这些措施就足以导致敌军内部混乱和崩溃，但待时机成熟时，我们必须制定计划，派军队登陆被敌军占领的国家和地区，解放这些被征服的民众。为此，我们不仅需要大量的坦克，还需要能将他们从海上运往登陆地点并将其直接卸载在沙滩上的舰只。你可以将现在正在制造的大量商船加以改装，将它们变成登陆舰，我想这对于你们来说

并不是一件难事。

1941 年 7 月 25 日

随后，我又给第一海务大臣发了一封电报：

首相致第一海务大臣：

  我的意思并不是让总统先生在原有的计划上额外建造"温奈特"舰只，而是让他们从为 1942 年战争做准备的大量商船中抽出一部分，为这些舰只装上船首或侧舱门，这样就可以将坦克直接卸载在海滩上，或将坦克运往坦克登陆艇，再由这些登陆艇运往海滩。

  请将这点解释给罗斯福总统听，告诉他们如何对正在投产的美国商船进行改造。

1941 年 9 月 8 日

  鉴于现在有很多人说我此前曾反对任何类似于 1944 年诺曼底登陆那样的大规模登陆作战，我觉得最直接的办法便是在这里说清楚：我从一开始便极力促进这类舰只的研发和制造，并将其编成舰队用于运送装甲车辆登陆海滩，如果没有我此前的努力，就不可能有后来的一系列登陆战役。我会在本书中公开我此前起草的文件，来一步步证明我的计划自始至终都与事实相符，且都得到了很好的实施。

第五章

FIVE

陷 入 绝 境

和平建议——德国的外交接触遭到拒绝——瑞典国王的活动——我视察受威胁的海岸——蒙哥马利将军和驻在布莱顿的第三师——德国入侵迫在眉睫——伦敦的防御——受威胁的沿海地区的状况——林德曼的图表——计划撤销——特殊的戒备措施——德国在英吉利海峡增设炮台——浅水重炮舰"埃里伯斯"号——肯特海角的防卫——我们力量的增长——考验过去了

1940 年夏，法国陷落后，我们便陷入孤立无援的境地。英国各自治领、印度和各殖民地都无法给予我们重要的援助，也无法及时提供补给。取得胜利的德国则拥有大批装备精良的士兵，且缴获了大量武器和军工厂用作后备。此刻，他们正在集结兵力，准备发起最后一击。同样拥有大量精锐部队的意大利也已向我们宣战，一心想要毁灭我们在地中海和埃及地区的势力。远东方面，日本虎视眈眈，企图直接封锁滇缅公路，断绝中国的物资供应源。由于和纳粹德国签订了互不侵犯条约，苏联还在为希特勒提供重要的原材料资源。西班牙已经占领了国际共管区①丹吉尔，随时有可能与我们为敌，紧接着夺取直布罗陀，或借助德国的力量向该地区发动攻击，或架设炮台封锁直布罗陀海峡的通道。以贝当为首的波尔多法国政府迁往维希，随时有可能被迫向我方宣战。土伦港残余的法国舰队看来也将落入德军手中。我们现在的处境可谓四面楚歌，八方受敌。

---

① 指几个帝国主义国家对某一地区或某国某一地区相互争夺，作为一种妥协办法而勾结起来对它实行共同的统治或管理。——译者注

　　奥兰事件后，所有国家都已明了英国政府及其人民战斗到底的决心。然而，尽管英国举国上下士气高涨，我们该如何应对实际中的种种困难呢？英国国内的陆军除了步枪外几乎没有任何其他武器。全国上下，各色野战炮加起来还不到五百门，中型和重型坦克加起来也不足两百辆。要想弥补在敦刻尔克撤退过程中损失的军火，最起码还要几个月。这也难怪全世界都认为我们的末日即将来临。

　　事实上，美国及所有未被征服的自由国家此刻都沉浸在深深的恐慌中。美国人也一直在纠结是否应慷慨解囊，用他们十分有限的资源来援助前途渺茫的英国。他们是否应集中精力，珍惜现有的每一件武器，来弥补自己的备战不足？鉴于眼下这种惨淡的事实，要想做出正确的判断十分不容易。然而，即便在第三届总统大选即将到来之际，尊敬的罗斯福总统以及他手下的高官和参谋长们也从来没有对我们失去信心，对此，英国人万分感激。

　　英国人民身上有着那种与生俱来的乐观和沉着（很荣幸我身上也有），这种气质可以助我们扭转局面。战前，英国奉行绥靖政策，目光短浅，一直沉湎于国内的党派斗争，疏于备战，却又不知不觉便走到了欧洲事务的风口浪尖。然而此刻，他们需要为此前的一切（对敌人的纵容以及准备不足）付出代价。但他们一点也未曾畏惧，他们藐视试图征服整个欧洲的侵略者，即便粉身碎骨、国破家亡也不愿意举手投降。这一点便足以让他们名垂千古。历史上有很多相似的例子：雅典人曾经被斯巴达所征服，迦太基人面临罗马的入侵时也曾孤军奋战。纵观过去的历史，有很多勇敢、自豪和乐观的国家，甚至整个民族因为抵抗侵略而灭亡，最终只留下了他们的名字，有的连名字都未能留下，更别提那些未被记载下来或已经被遗忘的国家和民族了。

　　只有少部分英国人和极少数外国人知道英国的地理位置优势，他们更不知道英国在战前那段犹豫不决的日子里，是如何能做到在海上和空中保存基本防御的。距离上次英国本土被入侵已近千年之久。在不列颠保卫战的关键时期，每一个英国人都表现得沉着冷静，随时准备为国捐躯。在世界范围内，盟国及敌方也慢慢意识到了我们的气势。

这样一种气势从何而来呢？这源于一种唯有武力才能解决问题的信念。

* * *

我们 6 月份面临的最大危险源于：我们将最后的后备部队派往法国却无功而返，我们的空军在进攻和一次次飞往欧洲大陆的过程中也消耗了不少。倘若希特勒足够聪明的话，他便应该将法兰西战役稍微缓一缓，或在敦刻尔克撤退后在塞纳河一线稍作整顿，待三四个星期后再向英国发动入侵。这样的话，我们便将陷入致命的两难局面，抛弃法国让它独自承担痛苦不是，不顾一切动用所有资源支援法国也不是。我们越是敦促法国继续抵抗，我们对法国的义务也就越多，那么英国本土的防御准备工作就越难进行，最重要的是，我们赖以生存的二十五个战斗机中队也更难保住。关于这点，我们一直十分坚定，但这也将我们的盟友推向了独自忍受痛苦的境地，我们之间的关系也将陷入僵局。眼下的局势十分凶险，却又异常简单，我们的一些高官在谈到这一话题时反而表现出一种坦然。正如伦敦的一个军人俱乐部的一名侍者对一个垂头丧气的会员说："长官，不管怎样我们都无路可退，更何况这是在我们自己的土地上与敌人决战！"

* * *

然而，直至此刻，德国最高指挥部仍然没有低估我们的实力。齐亚诺说他于 1940 年 7 月 7 日去柏林拜访希特勒时，曾和冯·凯特尔将军有过一番长谈。凯特尔将军和希特勒一样，都跟他谈到了进攻英国一事。他一再声称，到目前为止还没有明确的计划。他认为登陆作战是可能的，但是"鉴于对英国的军事部署和沿海防事了解甚少，且情报不一定可靠，因此登陆作战十分艰难，必须谨慎行事"[1]。此外，还

---

[1] 齐亚诺：《外交文件》，第 378 页。

应对大不列颠的飞机场、工厂及主要交通枢纽发动猛烈空袭，但他还提到英国空军的战斗力很强，这一点必须考虑在内。凯特尔估计，英国用于本土防御及反攻的战机约一千五百架。近来，英国空军的进攻行动也越来越猛烈，轰炸准确性很高，且一次出动的飞机数通常多达八十架。然而，英国此时急缺飞行员，且现在正在执行轰炸德国城市任务的人选不能由完全未经过训练的新人代替。凯特尔主张进攻直布罗陀以瓦解大英帝国。凯特尔和希特勒都没有提到这场战争会持续多久，只有希姆莱偶然提过，这场战争应于十月初结束。

以上便是齐亚诺的报告。与此同时，他还"奉墨索里尼之命"，要求派十个陆军师和三十个战斗机中队与德国一起侵略英国。陆军的要求被希特勒礼貌地回绝了，后来意大利确实派出了部分战斗机中队，但收效不佳，我会在下文提到。

＊　　＊　　＊

7月19日，希特勒得意扬扬地在国会发表了一篇演说，他预言我不久后便肯定会逃往加拿大避难，于是在演说中提出了所谓的"和平建议"，我摘取了一些关键性语句：

> 此刻，我觉得我有责任呼吁大不列颠及其他国家理智对待眼前的事实。我认为我完全有理由作此呼吁，因为我是胜利者，代表着理性，而不是一个被击垮的苦苦哀求别人援助的失败者。我觉得这场战争没有必要再进行下去。一想到战争导致的伤亡，我便悲痛万分……丘吉尔先生可能会对我的这番话置之不理，认为此举完全出于我们对战争的恐惧和不自信。倘若果真如此，不管将来发生什么，我们也都心安理得。

演讲过后，德国便开始和瑞典、美国及梵蒂冈进行交涉。希特勒

在征服欧洲大陆之后自然很乐意终止这场战争，他也希望英国能够接受眼前的一切。事实上，德国想要的并不是和平，而是说服英国，避免英国卷入这场战争。在德国驻华盛顿代办尝试与我国驻美大使取得联系时，我发了封电报，内容如下：

> 我不知道哈利法克斯勋爵今天是否在华盛顿，但应该通知洛西恩勋爵，无论如何都不能对德国代办发来的函件做出任何回复。
>
> 1940 年 7 月 20 日

我最初的想法是在上、下两院召集正式辩论。于是，我同时给张伯伦先生和艾德礼先生去信：

> 关于希特勒的演讲，我觉得可能有必要征求上、下两院的意见，由议员们共同商讨决定。但换句话来说，这又会增加我们的负担，你们觉得呢？
>
> 1940 年 7 月 20 日

我的同僚们认为既然我们的意见一致，那就没有必要大费周章了。于是，我们决定让外交大臣通过广播宣布我们拒绝接受希特勒的提议。22 日晚，外交大使发表声明拒绝了希特勒的"劝降"。他将希特勒脚下的欧洲和我们想看到的欧洲做了对比后声称："除非我们得到自由，否则我们绝不会停止战斗。"然而，事实上，希特勒的演说一经广播，还未等英王陛下政府做出任何指示，英国报纸和英国广播公司就已经驳斥了任何想要与敌人和谈的念头。

7 月 20 日，齐亚诺再一次和希特勒会面，之后他写道：

> 从昨天英国报纸的反应来看，应该没有商量的余地了。

因此，希特勒正准备对英国进行军事打击。齐亚诺还强调说，

鉴于德国现在所处的战略位置、影响力以及经济力量已经大大削弱了大不列颠的力量，相信他们连我们的第一轮进攻都抵挡不了。德国已于几天前发动空袭，且强度越来越大。英国的空防设施和战斗机并未能有效阻止德国的空袭。德国目前已做好充足准备，正计划朝英国发动致命一击。①

齐亚诺还在日记中写道："19 日深夜，当德国人得知英国人对希特勒提出的建议置之不理时，失望之情便难以隐藏，已经蔓延开来。"希特勒"希望能同大不列颠达成共识。他知道一旦对英国开战，必将血流成河，这是所有人都不愿看到的局面"。同时，墨索里尼"担心英国会以希特勒的演讲为借口同德国谈判"。齐亚诺说："倘真如此，墨索里尼一定非常失望，因为此刻他比以往任何时候都想要发动战争。"② 事实上，他不必感到焦躁，因为他想要的战争终究会到来。

此刻，德国一定在背后与多国进行交涉。8 月 3 日，瑞典国王就此事给我们来信，我让外交部部长按照下文回复他，他们在此基础上稍加改动给出正式回复：

　　1939 年 10 月 12 日，英王陛下政府在深思熟虑后就已经针对德国提出的和平主张向议会表明立场。从那以后，纳粹德国又对其周边的小国犯下了一系列罪行。挪威遭到德国踩躏，此刻已被敌军占领；丹麦也已被敌军控制，德国在其领土上肆意妄为；尽管比利时和荷兰想方设法讨好希特勒，德国政府也曾保证会尊重他们的中立国地位，但依然被德国征服。尤其是荷兰，德国在鹿特丹发动了蓄谋已久的残忍的大屠杀，导致成千上万名荷兰人丧生，该城市也遭到严重摧毁。

　　这一系列骇人听闻的事件给整个欧洲历史蒙上了阴影，

① 齐亚诺：《外交文件》，第 381 页。
② 《齐亚诺日记》第 277—278 页。

留下了抹不去的污点。对此，英王陛下政府的态度和 1939 年 10 月时通过的决议一样，未有丝毫改变。相反，他们的意志更加坚定了，他们要不惜一切代价同德国做斗争，直至希特勒主义被彻底摧毁，直至将全世界从这个魔鬼的手中解救出来。他们宁愿与敌人同归于尽也要竭力完成这一使命。他们深信，在上帝的帮助下，他们一定会找到完成这一使命的方法。这个过程可能要很久，在此期间，德国可能会像 1918 年一样要求停战，或公开提出和解方案。然而，在考虑任何相关要求或提议之前，德国必须用实际行动（并非空话）来确保恢复捷克斯洛伐克、波兰、挪威、丹麦、荷兰、比利时，特别是法国的独立和自由，同时要确保大不列颠及整个大英帝国的安全与和平。

我还补充道：

　　我认为外交部的某些措辞和想法过于卖弄聪明、徒有其表，将一些简单的事情复杂化，不符合当下严重且紧急的形势。此刻，我们未能取得任何成绩，一旦开口便会导致非议。因此，只有像我那样坚决的回复才能让德国做出实质性的行动而非空口而谈。

当天，我让报纸刊登了一份声明：

　　首相希望大家清楚，德国并未打算放弃侵略英国。此刻，德国正在大肆宣扬他们将停止侵略行为，我们从未相信过德国说的话，更不会相信这样的谣言。我们的力量正在不断壮大，准备工作也越来越充分，但我们绝不会放松警惕，决不能在精神上有任何松懈。

1940 年 8 月 3 日

＊　　＊　　＊

6月底，参谋长委员会通过伊斯梅将军来内阁向我提议。他们认为我应该去巡视东部及南部海岸这些受威胁地区。于是，我每周都会抽一到两天来完成这项令人愉快的任务，必要时我就睡在我的专列上，车上什么都有，我可以照常办公并和白厅①保持联系。我视察了太恩河、恒伯河以及很多敌人可能登陆的地区。很快我们便会将准备派往冰岛的一个师并入加拿大师，并将其整编成一个军。加拿大师在肯特郡为我组织了一场演习。我检阅了哈里奇和多佛尔的登陆防御工事。第三师是我第一批视察的队伍之一，当时我的夫人随我同行。该师由蒙哥马利将军（我从未见过他）指挥，驻扎在布莱顿附近。在整编军队过程中，我们优先考虑的便是第三师。整编结束后，我们本打算将其送往法国作战，但法国已经放弃抵抗。蒙哥马利将军的司令部设在蓝星学院②，他在总部附近为我举行了一场小规模的演习，演习的主要内容是布伦机枪运载车的侧翼机动，当时参加演习的装甲车只有七到八辆。演习结束后，我们一起驱车沿着海岸，途经肖朗和霍夫，一直到熟悉的布莱顿防线，我上学时曾在这里留下很多记忆。我们在皇家阿尔宾饭店共进午餐，该饭店面朝码头尽头。大规模的疏散行动后，饭店已经完全空了下来，但外面仍有很多人在沙滩上散步。我看到近卫步兵第一团的一队士兵在码头的一个亭子里用沙袋堆筑一个机关枪据点，我觉得很有趣，因为我小时候很喜欢看那些小丑在这样的亭子里表演。那天天气很好，我和蒙哥马利将军聊得很不错，这次出行让我觉得很开心。然而：

---

① 英国行政部门的代称。——译者注
② 位于英格兰南部海边城市布莱顿。——译者注

（请立即行动）首相致陆军大臣：

我原本让第三师作为预备队，待前方遭受攻击时便即刻前往支援，但我发现该师分散在三十英里长的海岸线上，这一点让我十分不安。更让我惊讶的是，即便该师的步兵在机动性方面做得很好，但却缺少必要的车辆①将其运往行动地点。应当在附近准备好车辆，随时待命，这对所有的机械化部队来说都很重要，更不用提分布在沿海地区的第三师了。

我听说朴次茅斯那里的队伍也在抱怨称没有用于运输士兵的交通工具。考虑到国内有大量的交通工具（汽车和卡车都有），以及原来服役于英国远征军的司机，我们应当立即弥补这一空缺，相信这应当不难。无论如何，我希望今天便通知第三师师长，如果他愿意的话，他可以征用穿梭于布莱顿海岸的大量公共汽车（这些公共汽车目前均为闲置状态）。

1940 年 7 月 3 日

*　　*　　*

7 月中旬，陆军大臣提议应由布鲁克将军接替艾恩赛德将军，负责指挥本土部队。7 月 19 日，我在巡查这些敌军可能登陆的地点时，顺带视察了南方指挥部。他们向我展示了一次战术演习，不下于十二辆坦克参加了这次演习。布鲁克将军负责这一地区的防线，一整个下午，我都在他的陪同下乘车视察该地。布鲁克将军战绩显赫，不仅因为敦刻尔克撤退时他在伊普尔河附近打了一场至关重要的侧翼战，更是因为他在难以言喻的困境中（六月的头三周，他负责指挥我们派往法国的新军时）表现出来的那种坚定和机敏。我一直通过他的两个同

---

① 1914 年 9 月在法国海岸登陆时，我为皇家海军师海军陆战旅所想出的老办法。当时我们从伦敦街头征集了五十辆公共汽车，海军部一夜之间便把它们运往法国。

样英勇的兄弟（他的两个兄弟①是我军事生涯早期的朋友）在私下里同阿兰·布鲁克保持联系。

在重要的人选问题上，我从来不会受这些私交影响，但这确实让我和阿兰·布鲁克在战时一直保持很好的私交。1940 年 7 月 19 日下午，我们一起在车上待了四个小时，关于本土防御的方法，我们俩的意见颇为一致。在征询了一些其他人的意见后，我同意陆军大臣的提议，让布鲁克接任艾恩赛德将军指挥本土军队。艾恩赛德像往常一样，保持他军人的一贯作风，接受了这一安排。

在接下来的一年半里，布鲁克负责组织和指挥本土部队，之后他出任帝国总参谋长，我们又一起共事了三年半，直至取得最终的胜利。1942 年 8 月，他建议我对埃及和中东的方针做出重大改变，这让我受益匪浅，我会在下文提到他对我的帮助，同时我还将提到为什么我没有在 1944 年让他指挥盟军跨海登陆作战的"霸王行动"。第二次世界大战中，他曾长期担任英国参谋长委员会主席和帝国总参谋长，任职期间，他不仅为大英帝国，还为盟国做出了很大的贡献。我在下文会提到我们之间偶尔发生的摩擦，但绝大多数情况下，我们的意见还是较为统一的，我也很珍惜我们之间的友谊。

---

① 我加入第四轻骑兵团时，他的一个兄弟维克多为第九枪骑兵团副官，1895 年至 1896 年，我和维克多建立起了深厚的友谊。有一次从马上仰面摔下来，摔断了盆骨，他的余生也因此饱受折磨。受伤之后，他依然继续在第九枪骑兵团任职，依然继续骑马。1914 年，在英军从蒙斯撤退时，他担任英军与法国骑兵师的联络官，因过度劳累而光荣牺牲。布鲁克将军还有一个兄弟——龙尼。他比维克多大，比我也大好几岁。1895 年至 1898 年，他被公认为英国军队中一颗冉冉升起的新星。他不仅在参加的一系列行动中表现突出，其实早在参谋长学校时便在同龄人中出类拔萃。布尔战争（是一场英国与德兰士瓦共和国和奥兰治自由邦之间的战争，目的是为了争夺南非殖民地）中，他担任南非轻骑兵团（该团有六个骑兵营）的副官，在增援莱迪史米斯期间，我曾担任过几个月的助理副官。我们一起经历了斯宾寇普、瓦尔克兰茨和图吉拉河地区的战役。我从他身上学到了很多战术技巧，莱迪史米斯解放当晚，我们一起骑马进城。1903 年底，尽管当时我在议会中的资历尚浅，我却得以在索马里战役中协助他，此战后，他的威望越来越高。但他很早就患有关节炎，因此第一次世界大战时，只能在国内指挥一个后备旅。1925 年，他便英年早逝了，生前我和他的关系一直很好。

＊　　　＊　　　＊

与此同时，我们也越来越持续密切地关注敌军的一举一动，我的备忘录记录了所有的细节。

（即日行动）
首相致空军大臣及空军参谋长：

　　据悉，各方达成一致意见，认为你们应重点轰炸德国所控港口内的舰只和驳船。

1940 年 7 月 3 日

首相致伊斯梅将军：

　　看一下议员韦奇伍德先生的信（关于伦敦防御），他的话很有意思，很有特点。伦敦的情况怎么样了？我很清楚，我们必须在伦敦的每一寸土地上战斗，相信一定能消灭大量入侵的敌军。

1940 年 7 月 2 日

首相致韦奇伍德先生：

　　十分感谢你的来信。我希望不久就能收到更多的步枪，继续武装国民自卫军（地方防卫志愿军）。我们向你方保证，一定会在伦敦的大街小巷以及近郊战斗。倘若敌人当真进攻伦敦，我们必定吞噬这些侵略军。当然，我们希望将绝大部分敌军消灭在海上。

1940 年 7 月 5 日

还有一件奇怪的事情，负责指挥入侵计划的德国司令官在研究侵略伦敦计划时也用到了"吞噬"一词，后来又决定换词。

首相致伊斯梅将军：

关于鼓励和帮助居住在敌人可能登陆海港地区的民众搭建避难所（敌军侵略时他们便可以留下来）一事进行得怎么样了？必须积极落实这项工作。当地的军官和政府代表应当挨家挨户地向当地群众解释，如果他们不听我们的建议执意要求留下来，那么应当待在地下室里并为头上的建筑做好加固措施。我们应当为当地居民提供意见和材料，并帮助其检查他们的防毒面具。这些工作必须从今天开始执行。这项行动会促使一些居民自愿撤离，也会帮助留下来的人做好适当的准备。

1940 年 7 月 4 日

首相致伊斯梅将军：

现在应当向居住在敌人可能登陆的海港地区的民众下达明确的指示：尽量鼓励他们自愿撤离，一方面让他们感受到压力，另一方面让地方长官和组织在当地（不是全国）加大宣传。通知这些执意留下和无处可去的人，一旦敌人入侵当地，他们在战争结束以前哪里也去不了。因此，我们要建议并协助他们收拾好地下室，这样，在战时他们也有一个相对安全的地方可去。我们还应为他们提供现有的各式各样的安德森式家庭防空掩体（我听说有一些防空掩体不需要钢材）。只有可信赖的人才能留下来，所有的可疑人员都要撤离。

请就以上内容拿出具体方案给我。

1940 年 7 月 5 日

首相致林德曼教授：

（副本送至伊斯梅将军）

我希望统计局能就三十个师的武器装备进展情况做一个表。该表中的每一个师都用一个方格来代替，表格应包括以下几个部分：将士、步枪、布雷式轻机枪、布雷式轻机枪车、反坦克枪、反坦克炮、野炮、中型野炮（如果有的话），以及足够同时运送三个旅的运输工具等。一旦其中一部分装备完毕便将对应的方块涂红。我会每周检查一次该表。也可以为国民自卫军绘制一个相似的表格，只要注明步枪和制服情况便足够了。

1940 年 7 月 7 日

首相致陆军大臣：

　　昨天，麦克劳顿将军汇报说要将加拿大第二师全部派往冰岛时，你和我一样对此感到十分惊讶。将这批精锐部队派往如此偏远的战场是极其错误的。显然，第一批队伍（三个旅）已经出发，我们都未接到消息。我们应尽快将两个加拿大师整编成一个军。

　　我已经注意到有关军队训练等方面的争论，但没有一个能让我信服。我们应当重新思考这些问题。当然，我们可以将位于第二线的本土部队派往冰岛，让他们在关键点建筑防御工事，随后再派一个类似"格宾斯"这样的精锐营对付任何想要登陆的敌军。如果你愿意处理这些事情，我将感激不尽。

1940 年 7 月 7 日

首相致海军大臣及第一海务大臣：

　　1. 我不明白我们怎么能坐视敌军的舰只在法国海岸任意航行，而不发动任何攻击。光对敌人进行空中打击是不够的，驱逐舰也应在空军的掩护下出击。难道我们真的任凭德国在我们的眼皮底下于英吉利海峡上建造一支庞大的舰队，自由地出入多佛尔海峡，而不采取任何行动吗？这是我们面临的一个新的且十分危险的威胁，必须予以回击。

2. 我希望你们能就以上内容及如何改进我们在英吉利海峡布置的雷区给我一份报告。十个月过去了，有些水雷是不是已经不起作用了？倘若如此，我们应当重新铺设几排新的。为什么不趁夜间在法国的航道上铺设一个雷区，静候敌人派来的任何扫雷船呢？我们决不能因为德军控制着法国海岸便停止任何海上活动。如果德军朝我们开火，我们便应派一艘大型军舰在适当的空军掩护下实施轰炸。

1940 年 7 月 7 日

＊　　＊　　＊

7 月，大批美国武器成功穿越大西洋，安全抵达英国。我认为此事关系重大，因此，我一次次重申，让他们在武器运输和卸载的过程中加倍小心。

首相致陆军大臣：

我已经让海军部做了特殊安排，以便让你的步枪护航队顺利进港。海军部会派出四艘驱逐舰前往接应运输部队，9 号便可抵达。具体进度你可以咨询海军部。听说你已就枪支的卸载、接收和分配工作做好了准备，对此，我十分欣慰。9 号当晚或次日凌晨，便应将至少十万支步枪发到士兵手中，在此之前你们应当制定好具体的计划，派专列来派发这批枪支和弹药，同时，你们还应派熟知这项计划的高级军官前往枪支登陆港，负责全权指挥。看来，这批物资可能需要先派往沿海地区，用来满足这些危险地区的国民自卫军的需求。希望你在做决定前先知会我。

1940 年 7 月 7 日

首相致伊斯梅将军：

关于采用速度更快的舰只运输美国物资（包括军火和枪炮）一事，是否已做好相关安排？最新一批从美国运来的物资是由什么舰只负责？船速怎么样？请向海军部查明具体事项。

1940 年 7 月 8 日

首相致海军大臣：

同我们之前海上运输的物品（此前运送的加拿大师除外）相比，现在运往英国的这一大批枪炮及弹药要重要很多。不要忘了，这二十万支步枪就意味着二十万名士兵，因为士兵们都在等着这批步枪。护航部队 7 月 31 日便能赶到，这是一件好事，我们必须做好安排，确保他们平安抵达。倘若损失了这批枪支和野战炮，这于我们来说将是灭顶之灾。

1940 年 7 月 27 日

当这些满载贵重武器的舰只从美国抵达我国海岸时，专门的列车已经在各港口等候装货。每个郡、每个镇和每个村的国民自卫军每时每刻都在期盼这些武器。所有人（不分男女）都在夜以继日地装配这些武器供士兵们使用。到 7 月底时，我们已经是一个装备充足的国家，已经做好应对伞兵和空运部队登陆的准备。此时，我们俨然已经成了一个"马蜂窝"，不是敌人轻易就能侵犯的。总之，倘若我们不得不与敌人开战（我当然不希望这样的事情发生），我们能保证很多人（男人和女人）手中都有武器。第一批抵达我国的有五十万支零点三英寸口径的步枪（尽管每支枪配备五十发子弹，但我们在分配给士兵时只为每一把枪配备了十发子弹，且工厂也未开始生产子弹），这些枪支供国民自卫军使用，这样我们就能将三十万支零点三零三英寸口径的英式步枪拨给日益壮大的正规军使用了。

有一些专家太过挑剔，他们瞧不上这些"七五"炮①（每门炮配有一千发炮弹）。我们没有牵引火炮的车辆，也无法立即获得更多的弹药，不同口径的大炮也给操作带来了难度。但这些都没有关系，1940年至1941年间，这三百门"七五"炮大大充实了本土防御的军事力量。我们已经做好安排，训练了一批人将坦克经木板推上卡车运走。当一个国家在为生存而战时，任何火炮都比没有好。尽管相比于英国的"二五"炮②和德国的榴弹炮③来说，这种法国的"七五"炮已经过时，但其威力依然相当可观。

* * *

8月至9月期间，德国在海峡沿岸增设重型炮台，我们对此也一直保持关注。截至目前，炮台的搭建地点主要集中在加来和灰鼻角附近，敌人的意图非常明显，他们一方面想要阻止我们的战舰穿越海峡，另一方面想控制横穿海峡的最短航线。就我们目前所知，截至9月中旬，敌方已经搭好下列炮台，专供这一地区使用：

    1. "齐格菲"炮台，位于灰鼻角之南，配有三十八厘米口径的大炮四门。

    2. "腓特烈—奥古斯特"炮台，位于布洛涅之北，配有三十点五厘米口径的大炮三门。

    3. "大选帝侯"炮台，位于灰鼻角，配有二十八厘米口径的大炮四门。

    4. "亨利公爵"炮台，位于加来和白鼻角之间，配有二

---

① 即法国 M1897 型 75 毫米火炮，本质上是一种直射的加农炮。——译者注

② 即英国 25 磅野炮，既可用低初速、高弹道射击遮蔽物后方的目标，也可用高初速、低伸弹道直射目标。——译者注

③ 一种身管较短，弹道比较弯曲，适合于打击隐蔽目标和地面目标的野炮。——译者注

十八厘米口径的大炮二门。

5. "奥登贝格"炮台，位于加来以东，配有二十四厘米口径的大炮二门。

6. M.1、M.2、M.3、M.4炮台，位于灰鼻角—加来地区，配有十七厘米口径的大炮共计十四门。

除此之外，8月底，架设在法国沿海地区用作防御的重型和中型炮台不下于三十五座，此外，还有七座由缴获的大炮组成的炮台。

6月时，我曾下令在多佛尔海角架设射程可以穿越英吉利海峡的大炮，现在这一命令已经初见成效（尽管规模不如预期）。就我个人来说，我对这件事情的进展一直很感兴趣。在这个形势危急的夏季，我曾多次到访多佛尔海角。在城堡的要塞中，那些巨大的地下通道和避难所都是在白垩纪地层中挖建的，城堡中有宽阔的阳台，天气好时，可以看到现在已落入敌军手中的法国海岸。当时统领该海角的是我的朋友，海军上将拉姆齐。我年轻时曾在他的父亲手下干活，他的父亲当时是第四轻骑兵团的上校。那时，拉姆齐还只是个小孩子，我经常在奥尔德肖特的兵营广场看到他。战争开始前三年，他因和本土舰队的司令不和，辞去了参谋长的职位，当时他在做出决定前还特地过来征求我的意见。此次，我和拉姆齐谈了很久，随后我们和多佛尔要塞司令一起前去视察我们迅速壮大的防御工事。

不管我身处何地（在多佛尔还是在伦敦），我都会仔细研读情报（情报记载了德国炮台每天的进展情况）。从我8月间下达的一系列关于多佛尔港的指示可以看出，我非常希望趁敌人的火炮还没来得及做出反应前就摧毁敌人的部分重型炮台。我认为我们完全有能力在8月间实现这一计划，因为我们已经拥有至少三门射程可以跨越英吉利海峡的重型火炮。然而，后来德国的实力变得愈加强大，我们已经无法与之抗衡。

首相致伊斯梅将军：

　　1. 之前我下令在多佛尔港搭设的十四英寸口径的大炮应当尽快安装就绪，这样才能应对德国新架设的炮台。但在这些大炮完全准备就绪前，不要轻易开火。然而，我们现在就要制定轰炸计划。另外，关于在轰炸时安排大量战斗机来保护落弹观测机一事，你们准备得怎么样了？还有，架设在铁路上的两门十三点五英寸口径的大炮什么时候能准备好？射程能否达到既定目标？还应在很多地方架设假的炮台来迷惑敌人，因此还需安排好火焰、烟雾和尘土。若有其他想法，还请告诉我。在铁路支线上架设十三点五英寸口径大炮的工作应该已经开始了吧，请向我汇报。

　　2. 德国战舰向南驶往基尔运河，这一举动改变了当下的形势。此前，本土舰队总司令曾要求我们派重型舰只从海峡最窄处向欧洲大陆发起攻击。问一下海军部，既然敌军已经改变了部署，总司令在做出进一步指示时是否应当考虑到这点？

1940 年 8 月 3 日

首相致海军大臣：

　　看到多佛尔港的十四英寸口径的大炮和炮台已经迅速部署妥当，我十分欣赏你们的工作效率。请代我向所有参与这项工作的人，对他们付出的努力表示真挚的感谢。

1940 年 8 月 8 日

　　敌方炮台于 8 月 22 日首次向我方开火，在攻击我方运输舰队未果后转攻多佛尔港。我们的一门十四英寸口径大炮立即予以回击。从那以后，我们和敌方便时不时发生炮战。9 月份，多佛尔港遭受六次轰炸，最严重的一次发生在 9 月 9 日，敌人共发射了一百五十多枚炮弹，但对我们的运输舰队的影响较小。

首相致海军大臣及第一海务大臣：

　　如果你们能安排"埃里伯斯"号①向位于灰鼻角的德军炮台发起袭击，我将不胜感激。听你说这个计划很可行，我也十分开心。这是我们想要看到的。我们没有必要非要等铁路上的大炮架好了再发起攻击，当然，如果架设完毕，便可以让它们在凌晨配合我们的十四英寸口径的大炮一起发动攻击。我们一定要摧毁这些德国炮台，我们不需要等到下个月"埃里伯斯"号驶来时再发起攻击，我想知道你们觉得什么时候合适。

1940 年 8 月 25 日

首相致伊斯梅将军及参谋长委员会：

　　德国会慢慢试图夺取多佛尔海角并控制英吉利海峡的最窄处，这一点不足为奇。若德军想要入侵英国，这是必然的。照这样看，德国必定会继续和我们的空军作战，试图从数量上消耗我们。与此同时，德军一定会试图将我方战舰从海峡基地驱逐出去。德军一定会在法国沿岸架设大量炮台，我们是否已经准备好重型炮来守卫多佛尔海角？十周前，我曾下令要架设重型炮台，如今已经有一架准备就绪，铁路上的两门大炮也即将架设完毕。但我们现在得知，火药填装过满导致这些大炮不够精确。因此，我们现在应该将大量的重型炮内壁加厚，将其口径缩小，使射程至少达到五十英里，这样在射击二十五至三十英里外的目标时就能更加精确。我不懂的是，为什么到现在都没有人向我汇报这一情况。我们必须要在多佛尔海角保持火力上的优势，不管敌人如何攻击，我

---

　　① 英国皇家海军"埃里伯斯"号为第一次世界大战时的一艘浅水重炮舰，配备两门十五英寸口径的大炮。该舰经过整修后于 8 月前往斯卡帕湾进行射击训练，但由于在训练中发现舰只存在缺陷且天气恶劣，于 9 月底才到达多佛尔港。直到 9 月 29 日晚，"埃里伯斯"号才出发执行轰炸加来的任务。

们都要在该地架设大量炮台。我们必须要用炮火来控制海峡地区，摧毁敌方炮台并加固和扩充我方炮台。

我曾在另一份文件中要求"埃里伯斯"号发动突然袭击，摧毁敌军位于灰鼻角的炮台。"埃里伯斯"号的装甲甲板可以有效抵御空袭。关于突袭这件事情你们安排得怎么样了？什么时候开始行动？空军部也应在这次行动中予以配合，我方应在这次行动中采用攻势。白天时，我们应用飞机对落弹进行观察。这项任务最好由配备"麦林"20型机枪的"飓风"式战斗机第一中队承担。一旦"埃里伯斯"号遭受空袭，我方也应出动飞机予以保卫并对敌方空军发动反击。

请尽快将计划交给我。

1940 年 8 月 27 日

首相致伊斯梅将军，转参谋长委员会：

我此前就肯特海角防御一事写过一封备忘录，现在我们还必须清楚，敌军很快便会在法国沿海地区架设大量火力非常猛的炮台。德军必定会试图用炮火来取得海峡的控制权。但我们目前在火力方面要领先于敌军，我们的一门十四英寸口径的大炮和铁路上的两门十三点五英寸口径的大炮已经准备就绪。此外，我们应当尽快给多佛尔港的海军上将分拨一大批最新式的六英寸或八英寸口径的大炮。海军部打算将正在大修的"纽卡斯尔"号或"格拉斯哥"号舰只上的大炮拆卸下来，对于这一举动我表示十分理解。因此，我们必须以最快的速度安装一两个炮塔。请就此事及具体的实施日期给我一份报告。还有一门九点二英寸口径的演习用大炮正在架设中，铁路线上还有一批十二英寸的大炮也在铺设中。如果我们的舰只不能在海峡上活动，敌军也同样不能得逞。即便我们的大炮射程无法到达法国海岸，这些大炮还是很有价值的。

应将一些重型大炮（十八英寸口径的榴弹炮和九点二英寸口径的大炮）架设在可以阻止敌人在我方港口登陆的地方，此前帝国总参谋长也曾提过，倘若敌人试图建立桥头堡阵地，这些大炮应当配合我军发动反击。上次战争中遗留下的大批火炮至今无所作为，已经修缮了整整一年。

我们应当用这批大炮在泰晤士河南岸和北岸来支援我军反攻和阻止敌军登陆，请拟一份方案给我。我注意到，再往北去，已经架设了一些很好的重炮。

我还想知道多佛尔与伦敦以及哈里奇与伦敦之间防线的部署情况（真实进展情况）。既然沿海地区已经部署妥当，我们便应加强这些防线的部署，这丝毫不违背我们积极反攻的原则。

但眼下最紧急的任务，是要动用一两门新式六英寸口径的大炮来对三万五千码内的所有德国舰只进行打击。与此同时，我正在努力尝试，希望美国能支援我们至少两门十六英寸口径的海岸防御炮。这种大炮不用装过多的炸药就可以发射一点二五吨的炮弹，且射程可以达到四万五千码，想必一定十分精确。美国陆军的斯特朗将军曾向我提过这种大炮并许诺会支援我们。他认为美国陆军无须政府批准，便可从一些复式炮台里挪出一些大炮和炮架。

请将这些大炮的具体细节告知我。建造混凝土基座可能需要三个月的时间，从美国运送大炮过来大概也要这么久。能运送这类大炮的舰只非常少。

1940 年 8 月 30 日

首相致伊斯梅将军及第一海务大臣：

我们必须立即向法国沿岸的敌军炮台发起攻击。昨天的照片显示，敌军的大炮已经被支起，因此，明智的做法就是趁敌军还来不及反应前向他们开火。敌方已经支起大量大炮，

　　因此，我认为"埃里伯斯"号绝不能有任何延误，每延误一天，我们的任务就变得愈发艰难。

　　鉴于我们在炮台搭建方面要远远落后于敌方，因此，我觉得很有必要破坏敌方炮台，阻碍敌方的炮台搭建工作。

1940 年 8 月 31 日

　　9 月初，我方用于海防的重型大炮情况如下：

战前的海防力量：
　　九点二英寸口径的大炮两门
　　六英寸口径的大炮六门
最近增加：
　　十四英寸口径的大炮（海军）一门
　　九点二英寸口径的大炮两门（铁路炮架）
　　六英寸口径的大炮（海军）两门
　　四英寸口径的大炮（海军）两门

　　很快，我们便会从老战舰"艾恩公爵"号上卸下两门十三点五英寸口径的大炮，将其架设到铁路线上，还会从"胡德"号上卸下一个炮台（装有四门五点五英寸口径的大炮）来扩充我们的现有实力。这些额外的大炮大部分将由皇家海军和海军陆战队负责操控。

　　尽管相比于敌军，我们的大炮在数量上仍处于劣势，但我们若将火力集中在一起，威力便能大大提升。

　　除此之外，第一次世界大战遗留下来的一门十八英寸口径的榴弹炮和十二门十二英寸口径的榴弹炮也已架设完毕，用以阻止敌军登陆。所有这些大炮都是机动的，无论敌军在哪里登陆，我们都能对其发动最猛烈的袭击。

* * *

7月和8月就这样平安无事地过去了，我们的心也慢慢地定了下来，我们越来越相信我们已经做好了困难的持久战准备。我们的实力正在与日俱增，所有人都在尽心竭力地工作，他们经历了一天的辛劳，躺在床上时觉得这所有的付出都很值，他们愈发坚信我们一定有充足的准备时间，我们一定会取得胜利。现在，所有的海滩上都布满了各色各样的防御工事。整个国家被编成了各个防御区。工厂正在大量生产各色武器。截至8月底，我们已经拥有两百五十多辆新坦克！美国的"出于信念"的支援行动也已有所成效。英国所有的正规军和本土防卫队员们正在日夜不停地训练，期待着上阵杀敌。国民自卫军的人数已经超过一百万人，步枪不够时，他们便拿起霰弹枪、猎枪或私人用的手枪，实在不行，他们便拿起长矛和棍棒。英国不存在第五纵队①，但我们还是抓捕了少数间谍并对他们严加审查。剩余的所有人都在倾其所有，为英国做贡献。

里宾特洛甫9月出访罗马时曾对齐亚诺说道："英国的国境并未设防，一个德国师的力量便足以击溃英国。"这句话只能表明他的无知。然而，我经常想着，倘若二十万德国冲锋队成功登陆英国，那将如何？双方必将遭受严重的人员伤亡。哪一方都不会留情且不会有任何犹豫。敌军一定会实施恐怖的政策，我们也会不遗余力地与其斗争到底。我打算到时候"以一换一"。我甚至想着，倘若这一幕真的发生，美国的态度一定会有所转变。但这些都未发生。忠诚的英国舰队在灰茫茫的北海和英吉利海峡上彻夜巡逻，观察敌军的行动。战斗机飞行员不是在空中飞行，就是在精良的战机旁待命，待一声令下，便立刻执行任务。这是一个人们将生死置之度外的时代。

---

① 指隐藏在对方内部的间谍。——译者注

第六章

SIX

入 侵 问 题

新的空军力量——第一次出现的谣言——关于"入侵"问题的备忘录——敌人可能攻击的地点——对我军部署的建议——东海岸是我们的工作重心——德军要进攻南海岸——部署的改变——敌人渡过北海进攻的危险依然存在

　　敦刻尔克撤退三周后，法国政府投降，此时，所有英国人的脑海里都涌现出一个问题，即希特勒会不会入侵我国，能不能攻克英伦三岛？我已经不是第一次面对这样的问题了。第一次世界大战前，帝国国防委员会曾就此问题进行了多次探讨，而当时的我作为海军大臣曾在那三年间参与了对此问题的所有讨论。从海军部的立场出发，我一直主张，在本土防卫队和其他战时部队武装完毕前，应从远征军（六个师）中抽调至少两个师的队伍留守本土。海军上将威尔逊（别名"拖船"）如是说道："海军不能在没有守门员的情况下就在前方拼杀。"然而，第一次世界大战爆发时，我们的海军倾巢而出，英国大舰队在敌军势力范围外活动，不存在任何意外、变数或是事故，这绝非只是空口而谈，我们当时确实做得很好。1914 年 8 月 5 日，阿斯奎斯先生召集大臣和军事高层在内阁会议室召开了一次特别会议，我在征得第一海务大臣（巴滕贝格的路易亲王）的同意后，在会上正式宣布：即便所有的正规军队现在即刻开赴法国，加入即将爆发的大战，海军也能保证英国本土的安全，抵挡敌军的入侵和大规模突袭。就我们目前掌握的情况来看，我们可以将整个陆军都派到境外。战争开始的前六周，全部六个师的队伍都被派了出去。

　　如果我们能正确认识到海军的力量，那自然是一件很好的事情。

面对敌人实力强劲的大大小小的舰队，几乎不可能将陆军运过海峡。蒸汽机的出现大大增强了用来保卫大不列颠的海军实力。想当初在拿破仑时代，大风将法国的平底船从布洛涅吹过英吉利海峡，也将我们用以封锁海峡的舰队吹开。但自那以后，海军的力量日益强大，我们已经可以在敌军运送军队的过程中将其歼灭。伴随着现代武器装备的发展，陆军的海上运输变得更加艰难，即便完成登陆，后方的补给以及武器的保养和维修工作也都将是无法克服的难题。上一次英国本土面临危机的时候，我们拥有强大的且充足的（后来的事实证明确实如此）海上力量。敌人无法在海上与我们抗衡，因为我们的巡洋舰所向披靡，且小型舰队和轻型舰只的数量为敌军的十倍。此外，海上天气（尤其是雾）也帮了我们大忙。但即便天气于我方不利，敌军在一处或多处登陆，如何长期把守交通线、保证前方供给的问题仍然解决不了。这便是第一次世界大战时的局势。

但随着空军的出现，这一重要的新生事物又会对入侵产生什么影响呢？显然，倘若敌军出动强大的空军力量，控制多佛尔海峡的狭窄海面，那我们的小型舰队必将遭受惨重损失并可能覆灭。除紧急情况外，我们不会将重型舰只和大型巡洋舰派到德国轰炸机控制的水域。事实上，我们并未派主力舰队在福思湾以南或普利茅斯以东驻扎，但我们的轻型战舰一直在哈里奇、诺奥沙洲、多佛尔、朴次茅斯和波特兰沿岸不间断地巡逻，且舰只数量还在稳步增加。截至9月，这片海域的巡逻舰只已经超过八百艘，敌军只有出动大批空军才能摧毁这些舰只，且一次只能消灭部分舰只。

但从空军实力来看，谁更强呢？法兰西战役时，德国参战的飞机数为我们的两到三倍，但最后的损失也为我方的两到三倍。敦刻尔克撤退过程中，为了掩护陆军撤退，我们需要派战机不间断地巡逻，并且要与多于我方四五倍兵力的空军周旋，但我们最终也取得了不错的战果。据空军司令道丁元帅预计，倘若双方空军在我方领海、无掩蔽的海岸和州郡上遭遇，我们或许能以一敌七甚至以一敌八。此时，据我们所知（我们的消息一直很灵通），德国的空军实力大体上为我方的三倍（某些特定地点除外）。尽管敌众我寡且德军实力强劲，但我依然坚信，只要在我方领空、领土、领海内作战，我们就可以打败德国空军。如果我们能够打败德国空军，那我们的海军便可以继续掌握制海权，如果敌军来犯，我们便能杀他们个片甲不留。

当然，还有可能出现另一种情况。德国人一向以深思熟虑和深谋远虑著称，他们说不定已经秘密地研发并建造了大量特制的登陆艇，凭借这种登陆艇，德军无须依靠任何港口或码头便可将坦克、大炮、装甲车开赴沙滩，说不定他们还解决了登陆军队的补给问题。我在此前曾提到，我在 1917 年时便已经有了这种想法，我们现在也在朝这个方面努力。然而，我们知道德军不可能如我们所想的那样，已经做好了充足准备，但是做好最坏的打算总是没错的。为了一次类似于诺曼底登陆那样规模的登陆战役，我们准备了四年。其间，我们竭尽全力，将大量精力投入到研发新式装备中去，最终在美国的大力支援下才准备妥当。相比之下，德国方面准备起来可能没有我们这么麻烦，但他们现在只有少量的"斯比尔"式渡轮。

因此，若德国想要在 1940 年夏秋之际入侵英国，他们必须事先取得制海、制空权，还需事先准备好大量特殊舰队和登陆艇。但现在的情况是，我们牢牢掌握着制海、制空权，况且我们相信（现在证明我们当时的这一想法是正确的），德国并未曾建造任何特殊的舰艇，也并未有此打算。这便是当时的情况和我对 1940 年德国入侵问题的看法，我在这一章中提到的所有指示和命令都以此为基石。

*　　*　　*

6 月 18 日，我清楚地向议会汇报了眼下的整体形势：

> 倘若敌军在夜间或大雾朦胧的清晨向我方发动突袭，派遣五千到一万人的几股小型部队突然登陆我方海岸，那么我们的海军也无法阻止。但话说回来，现在战争中，海军只有

靠大规模进攻才能有所成效。鉴于我方的军事实力，德军要想发动进攻，必然来势汹汹。倘若敌军人数众多，我们便能轻易地发现敌军目标并死死咬住敌军。我们要知道，即便敌军只派出五个师的队伍，轻装上阵，敌军的规模也将达到两百到两百五十艘舰只。在空军侦察和影像技术发达的今天，这样一支庞大的舰队要想平安穿越英吉利海峡，必须有强大的海军护航。否则，这支舰队一定会被消灭在路上，船上的所有士兵也会葬身大海，就算到达我方海岸，他们在登陆时，连人带装备都会被我军击毁。

＊　＊　＊

早在 6 月底时，就有人向我报告说敌军意图向英吉利海峡发起进攻，当下，我立即派人调查此事：

首相致伊斯梅将军：

相信敌军无法在我们眼皮底下将大规模军队运过英吉利海峡，或布下水雷阻碍我们派出扫雷船为我方攻击敌军运输部队清理出航道。话虽如此，但我仍然希望参谋长委员会密切关注此事，防止出现纰漏。

1940 年 6 月 27 日

尽管在当时的情况下，敌军不大可能跨过英吉利海峡向我方发起攻击，但我们还是要密切关注敌军动向，做好部署。我对目前的军事部署不甚满意。眼下，当务之急便是让各军各司其职，各尽其责。尤其要注意的一点是，我们的军队不应在受威胁的海岸分散驻扎，也不应将国家资源浪费在整条沿海防线的部署上。于是，我做出如下指示：

＊　＊　＊

首相致伊斯梅将军：

首相致参谋长委员会备忘录

1. 请仔细研读三军副参谋长送来的文件以及参谋长委员会随后送来的文件。

2. 我们确实应在沿海某些点建造稳固的防御工事，用来封锁海滩，确保东部沿海各港口的安全。相比之下，南岸的形势并没有那么危急。在没有港口、码头以及配套设施的情况下，敌军难以发动大规模进攻。一旦英国海军败落，没人能预估到我们会和敌军在东部沿海的哪一点遭遇。敌军可能会占领某些地方，一旦如此，海岸线其他点上的驻军便会像马奇诺防线上的守军一样，起不到任何作用。在沿海作战较本土防御来说更为有利，但这并不意味着我们要以在整条海岸线上设防为代价。我们应当选取某些点来进行防御，当然，如果时间允许的话，我们可以扩大防守区域，并加固防御工事。

3. 我们必须竭尽全力，派固定队伍在每一个防守点上驻扎。人员安排方面，我们应充分利用参加过上次大战的有经验的官兵们，将他们分散到各防守点。英国的安全取决于"豹"旅的数量（现在只有九个这样的部队，但很快就可以达到十五个）。这样的旅机动性非常高，举例来说，他们能在四个小时内赶到任何被敌军占领的地方去。即便敌军能够穿越英吉利海峡，如何登陆也是一个难题，在我方海、陆、空三军的猛攻下，敌军要想保证登陆部队的供给更是难上加难。因此，所有的一切都取决于我们能否对逃脱海上控制的敌军登陆部队发动快速而坚决的袭击。只要我们的野战部队没有在海滩防御中消耗殆尽，只要我们的野战部队仍保持着高度的机动性，我们便可以伺机而动，对登陆的敌军部队予以打击。

4. 万一不幸的情况发生，敌军攻占我方港口，那我们就

有必要派出配备炮兵的大规模队伍予以回击。我们应当安排四到五个精锐师作为总的后备队伍来应对这样的不幸。据我方估计，敌军在一个点登陆的队伍不会超过一万人，且最多在三个地点同时登陆，这样的话总人数不会超过三万人；至于空降部队，敌军最多在两到三个地点投放空降部队，总人数预计不会超过一万五千人。敌军无法多次出动空降部队，空降部队能否在夜间强行登陆也是个问题，倘若空降部队在白天行动的话，便很容易被发现，从而沦为我国空军的靶子。

5. 关于应对敌军坦克登陆这一问题，我们则应采用不同的策略。我们应当通过架设大炮和障碍物的手段，来缩小敌军坦克可能会登陆的范围。海军部应当就可能被用来运载坦克的驳船或平底船的大小、特点、速度，以及这些舰只是否装有发动机，还是依靠别的舰只拖引等问题做出详细汇报。由于这些舰只的时速很难超过七英里，夏天的话只要一出动很容易被发现，即便是在大雾或霾的情况下，无线电测向站也能够在它们靠岸几小时前发出警报。到时候，我们的驱逐舰便将全力出击。各地的常驻部队应当不断扩建关卡和障碍物，并成立反坦克小分队。倘若敌军坦克突破重重阻碍，成功登陆，我们便应出动坦克后备队（坦克后备队应当驻扎在铁路沿线，以便迅速开往任何遭受敌军攻击的地方），痛击敌人。

6. 敌人的伞兵、第五纵队以及摩托化部队可能会伪装起来，悄悄渗透我国，并在我们意想不到的地方发动袭击，这些人便主要交由我们的国民自卫军去应付，特种部队应予以援助。敌军可能会穿上英国士兵的服装，我们应高度提防敌人的这一诡计。

7. 总的来说，我是同意总司令的计划的，但我认为应将所有的野战军从海滩上召回并编入“豹”旅和其他机动支援部队。我们的重心应放在总后备部队上。战争的成败与否并

非取决于海滩的防御，而是由机动旅和总后备部队决定的。即便空军在长期的空战中消耗殆尽或飞机供应被全部摧毁，海军还能在抵抗敌军侵略的过程中起决定性作用。

8. 以上看法和意见只适用于夏季这几个月。相信秋天来临时，我们的装备会变得愈发精良，实力也会大大增强。

1940 年 6 月 28 日

7月间，关于德军是否入侵英国这一问题，不管是英国政府内部还是百姓都对此议论纷纷，人心惶惶。我们也不间断地进行着侦察活动，但所有从飞机上拍摄的影像都未曾显示波罗的海、莱茵河或斯凯尔特河各港口有大批舰只集结。我们也并未发现有运输舰或驳船（自带发动机）试图横跨英吉利海峡。然而，我们眼下的首要任务便是做好防御措施，军方和本土部队司令部也都为此绞尽脑汁。

关于入侵问题
——首相备忘录

首相致本土部队总司令、帝国总参谋长及伊斯梅将军：

1. 我认为敌人很难通过小型舰只，甚至是小艇将军队运过英吉利海峡。目前为止，敌军还未有任何迹象，因为我并未发现有大量此类舰只集结。在我军武装巡逻舰的重重炮火的把守下，将大批士兵通过英吉利海峡运往英国是极其危险的（海面狭窄地区自另当别论了），这一行动无异于自取灭亡。海军部有超过一千艘武装巡逻舰，有两三百艘常年在海上活动，船员各个都非常出色。因此，敌人要想悄无声息地穿过英吉利海峡是不可能的。相比之下，北海海面更加宽阔，敌人无法在一夜之间穿过北海，白天又很容易暴露行踪，成为我们的猎物。与此同时，我们还在巡逻舰的后方部署了小型驱逐舰队，恒伯河和朴次茅斯之间便有四十艘，大部分部署在最狭窄的海域上。大部分驱逐舰负责夜间巡逻，白天休

息。这些驱逐舰不仅能在夜间打击敌军的运输舰，也能在两到三个小时内赶到敌军的任意登陆点。这些驱逐舰可以立刻摧毁敌军的登陆艇，干扰敌军的登陆行动，并朝登陆的敌军（这些敌军即便装备再轻便，也需要从船上往海滩上搬运一些弹药和武器）开火。天亮之后，我们便应派出战斗机对这些小型舰队的行动予以支援。白天时，我们应派出战斗机为驱逐舰护航，这样才能保证它们在敌军登陆时发挥重要的作用。

2. 你应该看一下本土舰队总司令是如何回复内阁提出的问题的，即如果敌军用重型战舰来运输军队，我们该如何应对？他是这么回复的，就我们目前所知，敌人除特隆赫姆港的几艘军舰外，其余的重型舰只都在大修，对于停泊在特隆赫姆港的军舰①，我们也已派出超过敌军的优势舰队予以密切监视。等到"纳尔逊"号和"巴勒姆"号整修完毕后（二者将分别于 13 日和 16 日完工），我们就能组建两支英国重型舰队，随便一支便已足够强大。这样的话，来自北部的威胁便能够得以解决，与此同时，倘若特隆赫姆港军舰向南进攻，重型舰队还能迅速予以回击。此外，停泊在泰晤士河和恒伯河的巡洋舰本身已经十分强大，再加上小型舰队，足以应对敌军用来作为掩护登陆部队的任何轻型巡洋舰的攻击。因此，我认为敌军很难让大量武装部队从东部海岸登陆，不管是成批运输还是渡过海峡后分批登陆，都很难操作。敌军若想派大型舰只从北面进攻则难上加难。与此同时，除波罗的海外，我们并未发现大型或小型舰只集结的迹象，因此也没必要恐慌。除此之外，我们还频繁派出飞机和潜水艇对敌军进行侦察，倘若敌军来犯，也能及时给出预警，我们布置的雷区也给敌军的行动添了一重阻碍。

---

① 事实上，停在特隆赫姆港的"沙恩霍斯特"号和"格奈森诺"号也都已被鱼雷击中，无法行动。

3. 敌军更不可能从南部发动进攻。我们知道，法国各港口并没有大批舰只集结，小型舰只的数量也不多。多佛尔海峡的火力网正在不断加强，并将延伸至法国海岸。这一措施十分重要，我们要求海军部一定要将这些工作不间断地快速向前推进。海军部此前并未发现有任何重要的舰只、战舰或运输舰穿过多佛尔海峡，因此，我很难相信南部海岸此刻形势竟十分危急。当然，敌军可能从布雷斯特向爱尔兰发动小规模袭击，但渡海时仍然危险重重。

4. 现在的主要危险来自于荷兰和德国各港口，即从多佛尔到瓦什一带海岸。随着黑夜逐渐变长，这一危险区域将逐渐向北延伸，但话说回来，天气也将越来越恶劣，"渔船入侵"计划的实施也越来越难。与此同时，随着云越来越多，敌军的空中支援可能也无法正常发挥。

5. 因此，基于上述推理（以上推理应和海军部核实），我希望你能将大批正规军从前方海岸线上调回后方，作为支援或后备队，以便进行和进攻与反攻相关的训练。此外，由于海岸的防御工事已经建造妥当，守卫海岸的任务便不必交由正规军执行，可以交付其他部队或者国民自卫队。我相信你会同意我的看法，现在唯一的问题便是交接速度。我希望越快越好，希望你也能同意。

6. 这一备忘录中并未谈到空运部队问题，但这不影响我们达成的结论。

1940 年 7 月 10 日

* * *

我要提的一点是，我的顾问们和我一致认为，7 月到 8 月间，敌军更有可能从东部海岸而不是南部海岸入侵。事实上，这两个月间，敌军根本没有机会从上述两个海岸发动攻击。我等会儿就会提到，德

国打算派中型战舰（四千到五千吨）和小型舰只穿过英吉利海峡入侵英国。我们现在才知道，德国从未打算，也从未抱希望要从波罗的海和北海各港口用大型运输舰运送士兵渡海，更未打算从比斯开湾各港口发动侵略。敌人选择南部海岸作为侵略目标并不意味着他们的想法是对的，而我们的想法是错的。倘若敌军真想从东部海岸发动攻击，那么后果将更加可怕。当然，敌人若想入侵南部海岸就必须调动必要的舰只，经由多佛尔海峡往南并在法国港口集结。7月间，敌军并未有此迹象。

尽管如此，我们还是做好了万全准备，以防出现任何变数，与此同时，我们还要尽量避免分散机动部队并组建后备部队。为了解决这一烦琐的难题，我们每周都会注意观察事态的发展。英国的海岸线上海湾密布，弯弯曲曲，周长超过两千英里（其中还未包括爱尔兰）。面对这么长的海岸线，敌人可能同时在多处发动连续的进攻，因此，唯一的抵抗办法便是在海岸线或前线附近密切监视敌人的行动，并在敌军入侵时拖住敌人。与此同时，还应在后方配备尽可能多的、受过良好训练的机动部队，一旦战争爆发便可在最短的时间内赶到现场并予以强力回击。战争的最后阶段时，希特勒发现自己被包围了，这点我会在后面提到。在面临与我们现在相似的问题时，他犯下了一个最严重的错误。他曾建立了一个蜘蛛网般的交通线，但却忘了部署蜘蛛。法国因为部署不当尝到了致命的后果，对此，我们依然记忆犹新。有此先例后，我们一直没有忘记要预留"大规模机动部队"，随着我们的资源越来越丰富，我也一直不忘在最大限度地贯彻这一政策。

我在7月10日发出的文件中提到的观点，基本与海军部的想法一致。两天后，海军上将庞德给我送来一份全面且细致的声明，该声明由他和海军参谋处根据我的指示拟定。该清单自然也列出了我们所面临的危险，当然，这也是有必要的。

但在结尾处，庞德如是写道："可能会有约十万敌军，在未受到英国海军的任何阻拦下便登陆我方海岸……但除非德国空军同时战胜我国的空军和海军，否则敌军不可能维持他们的供应线……倘若敌军果

真登陆英国，他们肯定希望迅速朝伦敦进发，届时，他们将从当地获得补给，并迫使英国政府投降。"第一海务大臣预计能成功登陆英国海岸的最多十万人，他将这十万人按出发港口和可能会登陆的港口分类，详情如下：

从比斯开湾港口至南海岸 ···················· 20000 人

从海峡港口至南海岸 ···················· 5000 人

从荷兰和比利时港口至东海岸 ················ 12000 人

从德国港口至东海岸 ···················· 50000 人

从挪威港口至设得兰群岛、冰岛和苏格兰海岸 10000 人

共计 97000 人

对此预估，我十分满意。由于敌军无法携带重型武器，且一旦登陆，供应线便会被迅速切断，因此，即便敌军在 7 月入侵，我们迅速壮大的陆军也能抵御敌人的入侵。于是，我将下面两份文件交给参谋长委员会和本土部队司令部。

首相的备忘录

参谋长委员会和本土部队司令部应当仔细研读这些文件。可以将第一海务大臣的备忘录作为今后工作部署的基础，尽管我个人认为海军部做得会比他们说得更好，且敌军在运输途中的损失也会减小他们的进攻规模，但我们的地面部队仍然要做好万全准备。事实上，地面部队要应对的敌军人数可能会翻一倍，即二十万人，这二十万人会向第一海务大臣预计（按照之前的比例）的那样从各个不同港口登陆。我们的本土部队已经足以应对如此规模的侵略，况且我们的实力还在迅速增强。

如果你们能根据这点，重新审查我们之前所做的应对敌人登陆的计划，并将所做调整告知内阁，我将不胜感激。我

们还要记住的是，尽管敌军可能会在北面发动最猛烈的攻击，但鉴于伦敦崇高的政治地位，且该区域海面狭窄，我们必须将重心放在南部战场的备战上，以做好万全准备。

关于以上内容，大家基本达成一致意见。随后的几周，我们便开始着手实施这一计划。主力舰队也接到明确指示，在狭窄的海域展开行动，对此我完全赞同。7月20日，我与海军总司令福布斯海军上将进行了长时间的商谈，最终，由海军部下达以下指示：

1. 海军部首脑不希望在未接到敌军重型舰队出动的报告前，就将重型舰队调往南部地区粉碎敌人的登陆计划。

2. 倘若敌军的重型舰队冒险在北海的南部向我海岸进发，试图支援登陆部队，那我们的重型舰队也应冒险开往南部同敌军开战。

为了明确地说明敌军在我方漫长的海岸线上可能登陆的地点和规模，避免不合理的部署，8月初，我又给参谋长委员会送去了一份备忘录。

防御入侵
——首相兼国防大臣的备忘录

如果我们在整条海岸线上设防，那将会大大损耗我们的战力，与此同时，我们还应避免陷入被动防御的局面，为此，我希望你们能认真考虑以下几点：

1. 敌军的港口是我们抵御侵略的第一道防线。我们应当出动飞机、潜水艇等其他方式侦察敌军活动，获取敌情，一旦敌军舰只开始集结，我们便应当动用一切可用兵力，坚决向敌军发动攻击。

2. 我们的第二道防线便是要在海上不间断地巡逻，截击入侵之敌，将他们消灭在运输途中。

3. 第三道防线便是在敌军接近陆地，特别是在试图登陆的时候予以反击。敌军尚在海上时便应准备反击，空军也应予以支援；应从海上和空中不间断地向敌军发动袭击，这样敌军便无法保障占领地的补给。

4. 地面防御部队和本土部队成立的主要目的，是为了吸引大量敌军登陆，好为上文提及的海军和空军提供合适的攻击目标，让飞机和其他形式的侦察设备查明敌军所做的准备和行动。

5. 然而，倘若敌军成功在多个地点登陆，那么沙滩上的守军便应奋起抵抗，配合海军和空军袭击，消灭尽可能多的敌人。这样敌军就会弹尽粮绝，并被限制在一小块区域里。海岸的防御并非取决于海岸上有多少军队，而是取决于我们的机动部队多快能赶到敌军登陆点并组织反击。我们应当以最快的速度，趁敌军最脆弱的时候向他们发动最猛烈的袭击。当然，敌军最脆弱的时候并非正在下船的时候，而是上岸之后，交通线被切断，供给所剩不多的时候。我们得在六小时内集结一万名、十二小时内集结两万名全副武装的士兵，开赴敌军所建据点，发动进攻。在进攻目标尚未明确之前，如何管理这些后备部队是本土部队司令部应该仔细思考的问题。

6. 我们必须承认，海面越狭窄，海军和空军承担的阻碍敌军入侵的任务就越难。瓦什到多佛尔一带便是如此，与此同时，该区域离敌军的首要目标——伦敦最近。相比之下，从多佛尔到兰兹恩德角这一扇形地区受到的威胁要小得多，因为海军和空军会确保不让大批舰只（更不会让护航的战舰）进入法国海峡各港口。目前，据海军部估计，袭击这一

宽阔前线的敌军规模不会超过五千人①。为了确保这一地区的安全，我们可在此布置一万人。只要我们做好安排，便可以组织大量人员迅速发动反击，同时也能节约南部扇形地区的兵力部署，从而将这一地带的海岸驻军降到最少，以最大限度地扩充机动后备队。机动后备队应当在接到通知后迅速赶到东南扇形地区。当然，我们会根据每一周的形势做出相应调整。

7. 关于西海岸的部署，我们要采用不同的策略。敌军若想从西海岸发起进攻就必须穿越宽阔的海面，一旦发现敌军踪迹，我们便有充足的时间，派出巡洋舰和小型舰队予以攻击。海军部的部署应当与这一需求相符。敌军现在没有战舰护航。这就好比说，面对实力占优的敌方海军和空军，我们还硬要派一万两千人搭乘没有护航的商船登陆挪威海岸或斯卡格拉克海峡②和卡特加特海峡③一样。那别人一定认为我们疯了。

8. 为了达到三重保险的目的，海军部应继续在康沃尔到爱尔兰海域布置大量水雷，避免敌军从南部向布里斯托尔海峡和爱尔兰海发动袭击。自商船绕行北部航线以来，我们从西南航线上调走了很大一部分巡逻船，这一地区随即变得更加空虚，缺乏保护，因此，我们现在更有必要在这里布雷。

9. 雷区的部署简化了该区与康沃尔地区交点以北的防御问题。我们要考虑到，从康沃尔到坎泰尔岬这一扇形地带最不容易遭受来自海上的侵袭。因此，在这一地区的防御部署

① 在这里，我并未提及可能会从遥远的比斯开湾各港口开来的两万人，但从下文可以看出，我所做出的部署足以应付这一潜在的威胁（后来我们才知道这一威胁并不存在）。
② 位于丹麦的日德兰半岛和挪威南端、瑞典西南端之间，是大西洋北海的一部分。——译者注
③ 位于丹麦的日德兰半岛和瑞典的西海岸之间，是大西洋北海的一个海峡。——译者注

上，只需几门大炮和鱼雷发射管便可负责守卫主要港口，并在入口处①部署少量兵力即可。我们不能将有限的资源浪费在这一扇形地区上。

10. 从坎泰尔岬以北到斯卡帕湾、设得兰群岛和法罗群岛一带全都属于我方主力舰队的活动范围。倘若敌军从挪威海岸出发运送登陆部队，沿途将凶险万分，且即便敌军到达克罗马尔提河口也不足为惧。届时，此刻仍然伺机而动的敌军们将抱头鼠窜。敌军经过之地皆人迹罕至，前进路上困难重重。届时，我们会牵制住敌人，并迅速集结大量兵力，切断敌人的海上交通线，予以痛击。这会让敌人的处境更加糟糕，因为这里与任何重要地点的距离都很远，且都需要车辆运输。我们无法在这一扇形地区的所有登陆点设防，况且这么做也是浪费精力。相比于伦敦对面的东南沿海来说，倘若敌军从此入侵，我们将有更充足的时间来准备反击。

11. 克罗马尔提河口到瓦什一带是第二个非常重要的扇形地带，其地位仅次于从瓦什到多佛尔地区。然而，这里的所有港口和海湾都已设防（海上和后方都有设防），倘若敌军来犯，我们有能力在二十四小时内召集优势兵力进行反击。太恩河也极容易受到敌军攻击，其重要程度仅次于伦敦，因为入侵部队或大规模的突袭部队可以于短时间内对这里造成相当严重的损失（提兹河可能受到的破坏会相对较轻）。而且相比于南面海域，这片地区的海上和空中条件对我们更有利。

12. 联合参谋部应当尽力摸清这些扇形地区的弱点和相对应的防御措施，防御措施中不仅要包括在沙滩和港口留守多少人，还应包括阻止大规模反击所需要的时间。关于这一问题，我列出了以下几点，供大家参考：

---

① 即尾部入口。

克罗马尔提河口到瓦什（包括瓦什在内）　…………　3①

瓦什到多佛尔海角　………………………………　5

多佛尔海角到兰兹恩德角，并绕到开始布雷的区域　1½

从开始布雷的区域到坎泰尔岬…………………… ¼

坎泰尔岬往北到克罗马尔提河口…………………… ½

1940 年 8 月 5 日

参谋长委员会再次审阅了我提供的所有信息后，让该委员会秘书霍利斯上校写了一份报告，来作为对我的答复。

防御入侵

首相先生：

1. 参谋长委员会在仔细研究了你于 8 月 5 日所写的备忘录，并就此问题与本土部队总司令进行协商，对于你提到的一至五段，他们完全同意。

2. 本土部队总司令向我们保证，他已向各级传达反攻的重要性，一旦敌军登陆海滩，我们便立即组织反攻。同时他保证一旦队伍经过适当训练且装备完善，能够胜任进攻行动时，就将他们调回后方担任后备队。

3. 关于你对沿海各扇形地区在受到海上袭击时的弱点的评估，参谋长委员们也表示赞同。事实上，本土防御部队现在的部署情况和你在第十二段中提到的数字十分接近。

4. 你提出的理论上的部署应该是：

克罗马尔提河口到瓦什（包括瓦什在内）　…………　3

瓦什到多佛尔海角　………………………………　5

多佛尔到北康沃尔　………………………………　1½

北康沃尔到坎泰尔岬……………………………… ¼

---

① 这些数字是比例，并不是具体的师数。

坎泰尔岬往北到克罗马尔提河口······················ ½

共计·· 10¼

5. 按上述比例来算的话，倘若我们有十个师，那么就意味着我们要在福思—瓦什扇形地带分配三个师，在瓦什—多佛尔扇形地带分配五个师，以此类推。事实上，目前英国本土有二十六个师，那么将你提供的数字乘二点六和实际的部署情况做个比较，就得出以下结论：

扇形地带	理论部署师数	实际部署师数
克罗马尔提河口到瓦什	7½	8½
瓦什到多佛尔海角	12½	7~10
多佛尔到北康沃尔	4¼	5~8
北康沃尔到坎泰尔岬	½	2
坎泰尔岬往北到克罗马尔提河口	4¼	½

6. 如果仔细研究这两组数字，你会发现他们的相似度其实更高。因为驻扎在紧靠伦敦北面和西北面的后备师既可以部署在瓦什—多佛尔一带，又可以部署在多佛尔—朴次茅斯一带，因此，驻扎在这两个区域的师数事实上是可以变化的。这两个区域加起来的实际师数为十五个，而根据你的建议算出来的应该是十六点七五个。

7. 参谋长委员会指出，你所得出的数字是基于海上侵略的规模来算的，然而我们在实际部署时还应考虑到来自空袭的威胁。因此，虽然我们现在在南部海岸部署的兵力稍稍多于理论数据，但这是因为该地区可能会被敌军的战斗机笼罩，且敌军可以横跨相对较为狭窄的海域朝我们发动突袭。

1940 年 8 月 13 日

* * *

正当我们研究和打印这些文件时，形势突然发生了重大转变。据

可靠情报称，希特勒已经开始下令实施"海狮计划"，德国此时正在积极准备中。看来希特勒是要打算试一试了。此外，敌方并未打算进攻东海岸，这和我们之前的计划不一样，但参谋长委员会、海军部和我一致认为，应仍将重心放在东部海岸上。

但随后，形势又迅速发生了转变。大批自航驳船和摩托艇趁夜间穿过多佛尔海峡，沿法国海岸暗中移动，并逐渐在加来到布雷斯特一带的法国各港口集结。我们每天拍摄的照片都精确地记录了这一行动。此时，我们也不可能在靠近法国沿岸一带重新布置水雷区了。于是，我们立即派小型舰队出击，攻击敌军的运输舰只，轰炸机也开始集中轰炸新发现的敌方入侵港口。与此同时，到手的大量信息表明，德国有一个军或几个军正在往法国沿岸集结，铁路运输也异常繁忙，大批队伍在多佛尔海峡和诺曼底地区集结。随后，又有报告称，在布洛涅附近发现两个配备骡子的山地师，很显然，敌军是想攀越福克斯通悬崖。其间，法国海峡沿海涌现出大批威力巨大的远程大炮。

为了应对这一新威胁，我们开始转变工作重心，并且改进运输设备，将我们日益壮大的机动后备队运往南部防线。约在8月的第一周周末，现任本土部队总司令布鲁克将军指出，南部沿海的入侵威胁也在逐渐增大，但我国军队的数量、效率、机动性以及武器装备也在不断提升。

8月至9月间，我军的部署变更如下：

	8月	9月
瓦什—泰晤士河	七个师	四个师加一个装甲旅
南部海岸	五个师	九个师加两个装甲旅
可供任意扇形地带使用的后备队	三个师	三个师加两个装甲旅加一个伦敦区师（等同于一个师）
南部海岸总师数	八个师	十三个师加三个装甲师

因此，截至9月下半月，南部沿海防线（包括多佛尔地区）能投入战斗的有十六个精锐师，其中有三个装甲师或相当于三个师的装甲

旅。这些队伍都将作为海岸防御的补充力量，能够迅速开赴敌军登陆点展开行动，给敌人迎头痛击。布鲁克将军已经做好准备，只待一声令下便立即行动，没人比他更擅长这些了。

* * *

与此同时，我们担心从加来到特斯黑灵和黑利戈兰的那些海湾、河口以及荷兰和德国沿海的大片岛屿（上次战争中的"沙岸之谜"①）中隐藏着大批拥有小型或中型舰只的敌军。敌人可能马上就要袭击从哈里奇往右到朴次茅斯、波特兰，甚至到普利茅斯这一片以肯特海角为中心的区域。我们掌握的一些反面证据表明，敌军不会为配合其他进攻狂潮而从波罗的海调用大型舰只穿越斯卡格拉克海峡，掀起第三波入侵浪潮。事实上，这对德国的成功与否至关重要，因为德国只有通过这样的方式才能将重型武器运到登陆部队的手中，也只有这样才能在停泊于东部海滩附近的补给船上和补给船附近建立大的供给站。

我们现在进入了一个异常紧张的时期，我们应当保持警觉。当然，我们一直派重兵把守瓦什往北到克罗马尔提河口一带，一旦敌军确定从南部登陆，我们还可以从这一带抽调兵力。由于岛上铁路线密布且我方一直掌握制空权，这让我们能够在待敌方兵力全部暴露后，也就是敌军入侵后的第四天、第五天或者第六天的样子，决定要不要额外抽调四到五个师来支援南部防线。

我们仔细研究过月亮和潮汐的变化。我们猜想敌军肯定会趁夜渡海并在黎明时登陆。我们现在也得知，德国陆军统帅部的确是这么打算的。他们希望在夜间航行时能有朦胧的月光相伴，这样他们便能在

---

① 小说名。故事是这样的，一战前，英国外交部官员卡拉瑟斯应好友戴维斯的邀请，前往德国北部的沙滨海岸度假。到了目的地后他才发现，所谓的度假游轮不过是一艘小帆船。就在他刚刚适应航海生活时，他们深入了德军海防线，跟德国间谍不期而遇。他明察暗访，与德国间谍斗智斗勇，终于发现了德国人建造的秘密军事基地，策划进攻英国的企图！——译者注

航行中保持秩序并准确登陆。在仔细研究过后，海军部得出结论，对敌人最有利的时机为 9 月 15 日至 9 月 30 日。我们现在知道当时敌军的想法和我们的一样。我们坚信能够歼灭在多佛尔海角或多佛尔到朴次茅斯这段海岸，甚至在波特兰登陆的任何部队。此时，高层领导们达成统一意见，我们步调一致，局势也越来越明了，这不禁让人一阵欣喜。这或许是一个痛击强大的敌军并震动全世界的机会。在察觉到希特勒的意图和来势汹汹的气氛后，人们的内心汹涌澎湃，难以克制。事实上，有人从纯技术的角度上来看，也希望德国来试试，他们想看看德国在远征过程中全军覆没会对整个战局产生什么影响。

7 月至 8 月间，我们牢牢掌握了大不列颠的制空权，尤其是在东南部各郡上空，空军力量十分强大，一直占据主导地位。加拿大集团军驻扎在伦敦和多佛尔之间，听候指挥。他们的刺刀锋利无比，内心斗志昂扬。他们十分自豪能够为大不列颠、为自由而战。这样的火焰燃烧在每个人的胸中。整片英国领土上都布满了庞大而错综复杂的防御工事、防御区、反坦克障碍物、碉堡等设施。海岸线上布满了各色防御工事和大炮，由于我们不惜付出沉重的代价——减少了大西洋上的护航舰只，新建的舰只也开始服役，这使得我们的小型舰只的数量和质量大大提升。我们把"复仇"号、旧靶舰兼演习舰"百人队长"号和一艘巡洋舰调往普利茅斯。此时，本土舰队的实力达到了巅峰，舰队可以无所顾忌地在恒伯河甚至瓦什湾一带活动。因此，综上所述，我们的准备十分充分。

最后，每年 10 月份的风暴即将来临。如果希特勒胆敢入侵英国，他必将在 9 月采取行动，9 月中旬的潮汐和月相也是对德国最有利的。

*　　*　　*

待一切危险过后，议会中有人在谈论"入侵恐惧"。当然，最了解情况的人是最不害怕的。我们除了拥有制空和制海权外，还有一支强大的斗志昂扬的生力军（虽然装备并不是很精良），这支军队的规模等同于四年后德国在诺曼底集结（为了阻止我们反攻欧洲大陆）的队伍。诺曼底登陆时，尽管我们在第一个月就有一百万士兵成功登陆，尽管我们拥有强大的武器和一切有利条件，但是那场战役依然十分艰难且持续了很久。我们花了近三个月的时间才成功扩大了最开始的登陆场，夺取了大片阵地。虽然耗时很久，但这类行动的价值只有在将来才能知晓，它的意义也只能留给后人评说。

*　　*　　*

是时候看看另一阵营的情况了。接下来，我将就我们现在所了解到的情况谈谈敌军当时的准备工作和计划。

第七章

SEVEN

海 狮 计 划

德国海军部计划——希特勒明知困难却仍下达命令——德国海军和陆军之间发生争议——雷德尔和哈尔德之间出现分歧——德国海军和陆军将重担施于戈林和德国空军——希特勒推迟登陆日期——英国反击行动——德国忽视两军作战——三军合作出现裂痕——德军孤注一掷进行空战

根据我们所获得的德方情报，1939 年 9 月战争爆发之后不久，德国海军部便开始筹谋入侵英国的计划。和我们料想的不同，他们坚信进攻英国唯一的路线便是横跨英吉利海峡的狭窄海域，从未考虑过其他方法。如果我们早知道这一点的话，便可放心多了。渡过英吉利海峡进攻的地区正是我们防守最为牢固的区域，是对抗法国的一条古老的海岸线。这里所有港口的防守都已加强，该地区还是我方主要的舰队基地，以及后来建成的大部分用来防守伦敦的机场和空军控制基地。在这里，我们能够以最快的速度投入战斗，海、陆、空三军兵力也是最强的。埃里希·雷德尔担心如果由德国海军带领入侵英国，别人会发现他兵力不足，因此他提出了众多条件。第一条便是完全控制法国、比利时和荷兰的海岸、港口和河口。因此，入侵英国的计划便在晦暗不明的战争之中搁置了。

突然，令人感到意外的是，所有的条件都具备了。敦刻尔克战役和法国投降之后，紧接着他便带着进攻英国的计划去见元首，虽然有些许疑虑，但还是满心欢喜。5 月 21 日和 6 月 20 日，他两次与希特勒商谈此事，其目的并不是建议进攻英国，而是希望确定之后可以制定一个详尽的计划，不可草率行事。希特勒对此表示怀疑，并说他很明白该行动所面临的特殊困难。另外，他也希望英国能够主动求和。直到6月份的最后一周，最高司令部才开始考虑该计划，7月2日下达第一道命令，开始着手计划进攻英国。"元首已经决定，只要条件（其中最重要的是取得空中优势）满足，我们就有可能登陆英国。"7月16日，希特勒发布命令："尽管英国在军事上处于劣势，但仍无任何妥协让步的迹象。我已经决定开始筹备进攻英国的计划，并在必要的时候加以执行。整个计划的准备工作必须在8月中旬前完成。"各个方面的相关准备工作都已在紧锣密鼓地进行中。

*　　*　　*

6月份我就收到关于德国海军计划的消息，该计划十分刻板。德军打算在灰鼻角用重炮轰击多佛尔，并在多佛尔海峡的法国沿岸用大炮进攻，以此作为掩护，从而在最短的便捷路线上开辟出一条横渡英吉利海峡的狭窄通道，两侧布以雷区，外围用潜艇进行保护。利用该通道，德国陆军便可乘渡船渡过英吉利海峡，大部队随后分批登陆。海军的任务到此完成，之后由德国陆军将领接手，继续进攻英国。

实际上，凭借我方海军的压倒性优势，在空军的掩护下光用小型舰艇就能够完全扫清雷区，并摧毁用来为掩护德军而集结的十几艘甚至二十几艘潜艇，因此，德国入侵英国的计划从一开始就希望渺茫。然而，在法国沦陷之后，众所周知，避免长期战争的唯一办法便是逼迫英国投降。正如我们之前提到过的，德国海军在挪威附近的战争中遭受重创，自身都已元气大伤，所以无法再为陆军提供任何支持。但是他们仍然有自己的计划，谁也说不准好运是否会降临到他们头上。

德国陆军统帅部从一开始就对入侵英国的计划疑虑重重。他们没有任何计划和准备，也没有进行任何此类训练。但由于在过去的几个星期中接连打了几次漂亮的胜仗，他们的信心和胆量便与日俱增。安全渡过英吉利海峡并不是陆军的责任，不过一旦登陆，剩下的任务便由他们接管。实际上，埃里希·雷德尔早在8月份就认为有必要让他

们认识到横渡英吉利海峡的危险性，在此期间，德国陆军有可能全军覆没。当护送陆军渡海的任务明确地落到海军身上时，德国海军部便一直愁眉不展，消极悲观。

7月21日，三军统帅会见元首。希特勒告诉他们，战争已进入决定性阶段，但英国仍未认识到这一点，还希望能够扭转局势，改变命运。他提到了美国对英国的支持，以及德国和苏联的政治关系有可能发生变化，还说执行"海狮计划"是迅速结束战争最有效的方法。在与埃里希·雷德尔长谈之后，希特勒开始认识到渡过英吉利海峡意味着什么，其中不仅包括克服潮汐和海流所带来的困难，还要面对海上潜在的种种危险。他认为"海狮计划"是"一项无比大胆和勇敢的行动"。"尽管航程较短，但这并不是一次简单的渡河，而是渡过由敌人控制的海域。这不像是在挪威进行的单独渡海行动，不能采取突然袭击。敌方对我们的进攻准备充分、意志坚定，并且还控制着我们必须用到的海域。陆军的行动需要四十个师，其中最困难的部分是物资的补给和储备。我们决不能抱希望会在英国获得任何物资补给。"因此，我们必须先取得制空权，在多佛尔海峡用大炮猛烈攻击，并用雷区进行掩护。他说："时间也是一个非常重要的因素。因为在9月份下半月，北海和英吉利海峡的天气非常糟糕，从10月中旬就开始有雾。因此，登陆行动必须在9月15日之前完成，否则在那之后德国空军和重型武器的配合就不大可能了。由于空中的配合在该行动中具有决定性作用，必须将其作为确定行动日期的主要因素进行考虑。"

就前线的宽度和攻击目标的数量问题，德国参谋人员展开了激烈的争论，各方语气也都相当严厉。德国陆军要求沿多佛尔到波特兰以西的莱姆里杰斯的整个英国北部海岸登陆，还要求在多佛尔以北的拉姆斯格特进行辅助性登陆。而德国海军参谋部声称，安全渡过英吉利海峡最合适的区域位于北福兰角和怀特岛西端之间。关于该问题，陆军参谋部制定了一个先由十万人在该地登陆，紧接着超过十六万人的部队在多佛尔西部到莱姆湾的不同地点登陆的计划。德国陆军统帅哈尔德声称，在布莱顿地区登陆的兵力至少应有四个师。他还要求在迪

尔和拉姆斯格特之间的区域登陆，在整条前线的所有点上登陆的人数至少应为十三个师。除此之外，德国空军要求派舰只运送五十二门高射炮随第一批部队登陆。

然而，德国海军参谋长明确表示，如此大规模且迅速的行动是不可能的。他没有足够的能力护送登陆舰队渡过之前提到的辽阔海域。他的意思是说，陆军应在该范围内选出最适合的登陆地点。即使拥有空中优势，海军也没有足够的力量同时保护多条登陆航道。他们认为在多佛尔海峡最窄的地方是最容易登陆的。要在一次行动中将第二批登陆的十六万人及其装备运过去需要载重两百万吨的船舶，即使能达到这样的要求，登陆地区也容不下这么多的舰只。因此，只能让第一梯队先渡过海峡，让他们去建立狭窄的桥头阵地。第二梯队登陆至少需要两天的时间，更不用说剩下的不可缺少的六个师了。他进一步指出，由于登陆地点涉及范围较大，不同登陆地点的涨潮时间会有三至五个半小时的差别。因此，要么接受某些地点不利的涨潮条件，要么放弃同时登陆的计划。对于他所提出的异议，的确让人难以反驳。

交换这些备忘录的过程中花费了大量宝贵的时间。直到8月7日，哈尔德将军和海军参谋长才进行了第一次面谈。哈尔德说："我完全反对海军提出的建议。从陆军的角度看，我认为那完全等于自杀，还不如将登陆的部队直接放到绞肉机里。"海军参谋长回答说他也反对大范围登陆，因为那样会造成重大牺牲。最终，希特勒想出了一个折中的办法，但是陆军和海军并不满意。最高统帅部于8月27日发布命令，"陆军的行动必须将可用的船舶空间，以及渡海和登陆的安全性考虑在内"。最终，他们决定放弃迪尔到拉姆斯盖特之间的所有登陆地点，但是前线的登陆区域从福克斯通延伸至博格诺尔。达成该协议的时候已经是8月底了。当然，所有的一切都以取得空战的胜利为前提。此时，空战已经持续了六个星期。

前线登陆区域最终确定之后，最后的计划也在此基础上确定了。龙德施泰特负责指挥该行动，但是船舶不够，其登陆兵力降为十三个师，后备部队十二个师。来自鹿特丹和布洛涅之间各港口的第十六集

团军，将在亥斯、拉伊、黑斯廷斯和伊斯特本附近登陆；来自布洛涅和勒阿弗尔之间各港口的第九集团军，负责进攻布莱顿和沃辛之间的区域。多佛尔要从陆上攻陷，然后两军沿坎特伯雷—埃斯福德—梅菲尔德—阿伦德尔这条掩护线前进。总之，第一批登陆的兵力为十一个师。他们还乐观地希望，在登陆一周之后便可以推进至格雷夫森德、赖吉特、彼得斯菲尔德和朴次茅斯。第六集团军作为后备队，其下各师随时待命，准备增援。如果情况允许的话，还会将进攻范围延伸至韦默思。一旦成功建立桥头阵地，增加三军兵力便是轻而易举的事情，哈尔德将军说"因为在欧洲大陆上没有任何军事力量能够与德国抗衡"。德国并不缺少骁勇善战、装备精良的部队，他们需要的是船舶让他们安全渡过英吉利海峡。

最重大的任务落到了海军参谋部的头上。德国有载重量约一百二十万吨的远洋船，可以满足他们的需求。入侵部队登陆就需要征用其中一半多的船只，并且还会造成巨大的经济动荡。9 月初，海军参谋部报告以下装备均已征用：

运输舰一百六十八艘（载重量七十万吨）

驳船一千九百一十艘

拖船和拖网渔船四百一十九艘

摩托艇一千六百艘

所有的舰队均需配备船员，然后由海路和运河驶往集合港口。其间，从 7 月初开始，我们已经对停在威廉港、基尔运河、库克斯哈芬、不来梅和埃姆登港口的船舶进行了一连串的攻击，并且对在法国港口和比利时运河的小型舰艇和驳船发动了突袭。9 月 1 日，当入侵英国的大军开始向南行驶时，英国皇家空军便沿安特卫普到勒阿弗尔整条前线对其进行监视，实时报告其动向，并进行猛烈攻击。德国海军参谋部记录：敌人在沿岸地区持续抵抗，集中轰炸"海狮计划"打算登陆的港口，并在沿岸各地进行侦察活动，这均表明敌方为应对我方登陆做好了准备。

此外，"英国轰炸机和英国空军的布雷兵力，仍然具有超强的战斗力。不得不承认，即使英军还没有对德国的渡海行动造成决定性的破坏，但他们的行动毫无疑问是非常成功的"。

然而，尽管日期上有所推迟，并且遭受了部分损失，但是德国海军成功地完成了其任务的第一部分。他们为意外事故和损失保留的百分之十的宽余完全用尽，余下的还达不到他们第一阶段所计划的最低限度。

德国海军和陆军将他们的责任都转嫁到了空军身上。为横渡英吉利海峡开辟出一条通道的整个计划是：由德国空军对抗具有绝对优势的英国舰队和小型舰艇，在此掩护下，在航道的两侧埋伏水雷。该计划能否成功，取决于德方能否打败英国空军，并取得英吉利海峡和英格兰东南部海域（不仅包括渡海上空，还包括登陆地点上空）的制空权。陆军和海军（三军中历史较悠久的两个军种）都将责任推卸给戈林元帅。

戈林很乐意地接受了该任务。他相信德国空军在数量上占有优势，几周恶战之后必定能够击溃英国空军的防守，摧毁其在肯特和苏塞克斯的机场，最后完全控制英吉利海峡。除此之外，他坚信对英国的轰炸，尤其是伦敦，会逐渐摧毁爱好和平的英国人的意志并迫使他们求和，尤其是当看到入侵的威胁逐渐深入英国大地的时候。德国海军部则完全不同意戈林的看法。实际上，他们顾虑重重，他们认为不到万不得已时不应该实施"海狮计划"。7月份，他们曾建议将该行动推迟至1941年春天，除非无限制的空袭和无限制的潜艇战能够"迫使敌方根据德方提出的条件和元首进行谈判"。但是凯特尔元帅和约德尔将军发现空军最高统帅信心满满，为此感到很高兴。

对于纳粹德国来说，这些天无比美好。在迫使法国签订贡比涅停战协定之前，希特勒便已高兴得手舞足蹈。德国陆军耀武扬威地走过凯旋门和香榭丽舍大街。还有什么是他们做不到的呢？此时不出王牌，更待何时？如此一来，参加"海狮计划"的三军都打着自己的如意算盘，而将烫手的山芋都留给了他们的伙伴。

随着日子一天天过去，德军对"海狮计划"的疑虑与日俱增，该计划一再延迟。希特勒于 7 月 16 日下达命令，所有准备必须在 8 月中旬之前完成。三军都觉得这是不可能的。7 月末，希特勒决定登陆日期最早为 9 月 15 日，并且计划加强空战，视空战结果来做最后决定。

8 月 30 日，海军参谋部报告说，由于英国的抵抗行动，准备工作在 9 月 15 日之前无法完成。应他们的请求，登陆日期推迟至 9 月 21 日。除此之外，他们要求提前十天通知他们，这就是说预令将于 9 月 11 日下达。9 月 10 日，海军参谋部再次报告，他们遇到了来自天气和英国反轰炸方面的各种困难。他们指出，尽管海军方面的准备在 9 月 21 日之前可以完成，但是之前约定的取得英吉利海峡上空的绝对优势无法实现。11 日，希特勒将预令推迟了三天，如此将最早登陆日确定为 24 日。14 日，他再次推迟行动日期。

* * *

14 日，雷德尔海军上将指出：

1. 目前的空中形势并不利于执行"海狮计划"，德军仍面临巨大的风险。

2. 如果"海狮计划"失败，这意味着英国威望会大增，我们的大肆进攻将变得毫无效果。

3. 对英国，尤其是伦敦的空袭必须一直持续下去，不可间断。如果天气条件有利，则要加强袭击强度，不用考虑"海狮计划"。空袭必须要有一个决定性的结果。

4. 然而，"海狮计划"还不能取消，因为它可以使英国一直保持焦虑状态。如果外界得知该计划已被取消，英国便会觉得如释重负。

17 日，"海狮计划"被无限期推迟，对于原因，我们和德国的想法并无不同。雷德尔继续说道：

> 1. 关于我方为英吉利海峡登陆计划所做的准备，敌方都已经了如指掌，并且正在加紧准备反击计划。其中部分行动包括：英军派飞机侦察并袭击与德国"海狮计划"相关的港口，敌方驱逐舰在英国南部海域、多佛尔海峡以及法国和比利时沿岸频频出现，丘吉尔最近的演讲，等等。
>
> 2. 尽管英国本土舰队大部分仍在西部基地，但其主要部分都已做好抵抗入侵的准备。
>
> 3. 我方空军侦察机已在南方和东南方港口发现大批驱逐舰。
>
> 4. 一切情报均表明，敌方将所有的海军兵力集中于该战区。

*　　　*　　　*

8 月份，约四十具德国士兵的尸体被冲到怀特岛和康沃尔沿岸各处。德军一直用法国沿岸的驳船做登陆演习。为了躲避英国的轰炸，其中一些驳船被迫出航，之后由于英国的轰炸或者天气的原因沉没了，这便是流传甚广的谣言的源头。传言说德军已入侵英国，由于溺水或被海上燃烧的汽油烧死等原因已遭受重大损失。我们并没有采取任何措施制止该流言的传播。该流言在被沦陷的国家中自由传播，并且越传越夸张，从而大大鼓舞了被压迫国家的人民。例如在布鲁塞尔，一家店摆出的男士泳衣上面写着"英吉利海峡游泳专用"。

9 月 7 日，根据我们所掌握的消息，德方的驳船和小型舰艇开始向西部和南部行动，驶往奥斯坦德和勒阿弗尔之间的港口。因为这些集结港口均遭到英国空军的猛烈袭击，所以这些舰只不像是要到这些港口来的，除非德方真的要马上对英国采取行动了。由于从挪威调派了一百六十九架轰炸机，德国空军在阿姆斯特丹和布雷斯特之间区域的火力大增，多佛尔海峡地区的前沿机场也出现了短程俯冲轰炸机。几天之前，四个德国士兵在西南海岸乘划艇登陆后被抓，他们承认是间谍，并说他们已经准备好在之后两周内随时报告伊普斯韦奇—伦敦—里丁—牛津等地区英国后备部队的动态。9月8日到10日的月光和潮汐情况对于敌人进攻东南海域是非常有利的，因此参谋长委员会说德军即将入侵英国，自卫队应做好准备，随时待命。

　　然而，当时的总司令部和本土部队并没有什么办法能够将现行的八小时内准备战斗改成"立即准备战斗"。因此，英国本土部队于9月7日下午八时对东部和南部的指挥部发出了"克伦威尔"的密令，意思是"入侵迫在眉睫"，同时暗示了前线沿岸各师的战斗位置。另外，该密令也被送至伦敦地区的所有部队、总部备战部队的第四和第七军团，以及联合王国的其他指挥部。因此，国内某些地区的地方志愿军指挥官通过敲响教堂警钟的方式来召集英国地方军。这一行动导致了种种谣言，说敌军的伞兵已经降落，还有德国鱼雷快艇已接近英国海岸。我和参谋长委员会都未意识到这一具有决定性作用的密令"克伦威尔"已经使用过了。第二天早晨便发出指示，要制定一些中间程度的信号，即使没有宣布外敌入侵即将到来，对之后的各种情况也要提高警惕。即使是收到了"克伦威尔"的密令，也不能随意召集英国地方军，除非有特殊的任务。另外，只有英国地方军战士亲眼看到至少二十五名敌伞兵登陆才可敲响教堂警钟，绝不能因为听到警钟敲响或任何其他原因而随意敲响教堂警钟。可想而知，这样的事情引起了很多议论和躁动，但是并未在报纸或议会上提及。对于所有关注此事的人来说，这是一剂良药，也是一次很好的演习。

＊　　　＊　　　＊

　　在德国为入侵英国做好了充分准备时，我们可以看到德方从一开始的傲慢自信慢慢变成了疑虑重重，最后对入侵结果完全失去了信心。

实际上，1940 年的时候，他们的信心已经被完全摧毁了，尽管 1941 年重启"海狮计划"，但是德国领袖们再也不会像法国沦陷之后那样，对他们的未来充满美好的幻想。在决定命运的 7 月和 8 月两个月中，我们看到海军指挥官雷德尔极力让其陆军和海军的同事认识到参加大规模两栖作战所面临的巨大困难。他认识到了自己的不足，也没有足够的时间做充分的准备，所以对哈尔德提出的大批兵力同时登陆广阔前线的宏伟计划加以限制。同时，野心勃勃的戈林决定只依靠他所带领的空军取得胜利，而不愿意在联合计划中扮演一个不起眼的角色。该联合计划意欲在入侵领域加强对敌方海域的控制，并削弱对方的空军力量。

相关记录表明，如果说为了共同的目标协力合作，并且了解各方的长处和短处，德国高级统帅部离这一点还相差甚远。每一方都希望成为夜空中最亮的那颗星。他们之间从一开始就有摩擦，哈尔德将责任推卸到了雷德尔身上，并且没有根据实际情况修改自己的计划。希特勒插手是很有必要的，但似乎对于改善三军关系并没有起到什么作用。在德国，陆军的威望是至高无上的，其领导对待海军总是有一些傲慢无礼。所以在主要的军事行动中德国陆军是不愿意受海军调遣的。战争结束之后，约德尔将军被问及这些计划，他不耐烦地回答说："我们的部署和尤利乌斯·恺撒的部署几乎是一样的。"这表明一名真正的德国战士对于海战知之甚少。对于登陆所包含的问题，以及如何在危险重重的海上部署大批兵力对付已做好防备的英国，他其实一点都不了解。

英国也有自己的弱点，但是对海战非常了解。几个世纪以来，它已经渗透到我们的血液里，这种传统不仅鼓舞着我们的士兵，也鼓舞着整个民族。最重要的是，这种精神使我们能够沉着冷静地面对敌人的入侵。在国防部长的领导下，三军参谋长统一指挥军事行动，是团队精神、互相理解和精诚合作的楷模，这在过去也是前所未见的。终于，我们有机会在海上一举消灭入侵的敌人。做到这一点的前提是要做好作战准备，并且充分了解如此重大和危险行动的技术需求。1940

年，即使德军拥有训练有素的两栖作战部队和现代化两栖作战的各种装备，但面对我们的海军和空军，他们也是注定要失败的。实际上，他们在装备和训练上都不占优势。

＊　　＊　　＊

之前，我们对战争满怀顾虑和疑问，但这些都慢慢变成了坚定的信心。可以说从一开始我们就满怀信心地面对敌人的入侵计划。另外，德国最高统帅部及其元首对该入侵计划越来越不满。当然，我们并不知道他们每个人的心情以及对该计划的看法。但是德国和英国海军部、德国最高统帅部和英国参谋长联合会，以及元首和本书作者之间对该问题的看法是一致的，不过没人知道这一点。从7月中旬至9月中旬，每过一个星期，这件事才变得越来越明显。如果我们在其他事情上意见一致的话，便不会有战争了。当然，我们双方都认为一切都取决于空战的胜败，问题是空战的结果到底会如何？另外，德军不知道英国人民能否经得起他们发起的猛烈空袭。这些天以来，空袭的作用被大肆夸大了。德军也不知道英国人民会不会屈服并迫使其政府投降。对于这一点，戈林满怀希望，而我们坚信这样的事情是绝不会发生的。

附 录

首相的私人备忘录和电报

1940 年 6 月

首相致爱德华·布里奇斯爵士：

是否已经开始着手将被拘留的两万人送往纽芬兰或圣赫勒拿岛？此事是否是枢密院议长经手的？如果是他经手的，请你向他打探一下情况。我希望可以尽快用船将这些拘留人员送走，不过我想，接收地需要做大量安排。这些事都安排好了吗？

1940 年 6 月 3 日

首相致空军大臣：

从你的来电中获悉，现在你的战斗机驾驶员人数不足，已经影响了你们的行动。对此，内阁甚为忧虑。

空军部第一次承认没有完成特定任务。我们都知道，我们用于训练飞行员的飞机数量远比德国投入训练飞行员的飞机数量还要多。几个月前，我们就听空军部说，好几千名飞行员都没有配备飞机，他们最后都需要"重新编组"；需要"重新编组"的飞行员达七千余人，这些飞行员的飞行时长远高于我们最近俘虏的德国飞行员的飞行时长。那么，你们怎么解释最近战斗机驾驶员不足这回事呢？

对于飞机供应和修理，以及在飞机制造部门清除混乱和弊病方面

的工作，比弗布鲁克勋爵已经取得巨大的进展。我非常希望你们的职员也能尽心尽力，因为，如果我们由于缺乏驾驶员而将飞机闲置不用，那真是可悲。

1940 年 6 月 3 日

首相致林德曼教授：

我希望你能按我的要求每隔数天或者每隔一周将一份关于调整军火生产的简明报告送给我，然而你并没有这样做。只有你将报告送过来，我才能给出明确的看法。

1940 年 6 月 3 日

首相致林德曼教授：

请查阅附件（生产计划：参谋长委员会的备忘录），这份附件中似乎有很多地方逻辑不严谨。显然，任何在未来五个月要实现的事情，我们都要"加紧去办"；尽管今后的产量必定会降低，但是我认为，无论如何都不可以修改此前已经通过的三年作战计划。如果法国退出我们的阵线，这些计划会比以往都有必要。

请你将想法告诉我。

1940 年 6 月 3 日

首相致林德曼教授：

（密件）

得知要再次推迟近炸引信的制造，我感到十分忧虑。

鉴于这件事极其重要，而且我指示要竭力推动这项工作，我们应当确定两到三个公司同时进行试验生产，即便是一个公司失败了，另一个公司还可以继续进行。

请你向我报告此事的进展。

在我们生产近炸引信前，有关为其定制的火箭及为普通引信定制的火箭的生产情况，你尚未给我一份详细的报告。

我们必须摧毁敌人的飞机制造厂，否则我们的飞机制造厂就会被敌军摧毁，所以制造稳定投弹瞄准器极其重要，你应继续完成相关工作。如果你可以把（甲）所有对近炸引信感兴趣的人和（乙）所有对稳定投弹瞄准器感兴趣的人召集起来，下周我将前来听取他们的意见，并敦促他们开始实施此事。

1940 年 6 月 7 日

首相致飞机生产大臣：

关于投弹瞄准器的设计会议于 12 月 22 日召开，会议紧急决定将两千六百枚"马克 II"型空投炸弹改装为可在高空稳定瞄准的炸弹。当时我们已经完成了百分之九十的绘图工作。请你将随后确切的工作进展告诉我。为什么目前只改装了一台投弹瞄准器？请你查阅相关文件，查明谁是这个重要项目的负责人。

1940 年 6 月 11 日

首相致空军大臣及空军参谋长：

这份报告①写得极好。希望你派遣昨日提及的飞行中队到我们所说的那些河段，据悉，这些河段的交通甚是繁忙。此事无须征求法国的同意，如要继续在河道里投放水雷，则需要征求他们的意见。我正与法国交涉此事。在此期间，你们要尽快在下游行动起来。请你将行动计划告诉我。

1940 年 6 月 11 日

首相致殖民地事务大臣：

你是否考虑过招募一个西印度群岛军团？这个军团可分为三个营，主要由英国军官领导，该军团代表大多数岛屿的利益；该军团为帝国服务，给当地人民提供了一个效忠的机会，并使资金流入这些贫穷的

---

①　即"皇家海军"作战计划的报告。详情见本套书前四册。

岛屿。

虽然目前我们武器短缺，但是船到桥头自然直。

1940 年 6 月 16 日

首相致海军大臣：

关于你在地中海西部部署重型战舰的建议，我很满意。你建议：将"却敌"号及"声威"号战列舰部署在斯卡帕湾，维持封锁线；派遣"罗德尼"号、"纳尔逊"号及"英勇"号战列舰保护罗赛斯岛；"胡德"号及"皇家方舟"号在直布罗陀与"坚决"号会合，监视法国舰队的动向。

尤其重要的是，驻亚历山大的舰队应坚守埃及，以防意大利入侵，否则的话我们就会过早失去在地中海东部的战争地位。有效部署这些舰队会有助于维护我们在土耳其的利益，保护埃及和苏伊士运河；再者，假如局势有变，这些舰队还可以向西出击或者驶过运河，以此维护帝国利益，也可以绕道好望角驶入我们的贸易航线。

我们必须密切关注地中海东部的战舰部署。在确定法国战舰的状况和西班牙战舰宣战与否时，我们还可以重新部署战舰。

即便是西班牙宣战，我们也不能因此放弃地中海东部。如果实在迫不得已要放弃直布罗陀，我们就必须马上攻下加那利群岛，因为加那利群岛是控制地中海西部入口的一个绝佳基地。

1940 年 6 月 17 日

首相致国内安全大臣：

我知道上周六已决定由你的部门负责投放烟幕，以此掩蔽工厂以及类似的工业建筑。我想知道，你已派遣何人负责此项极其重要的任务，以及该工作取得了怎样的进展。

1940 年 6 月 20 日

首相致海军部：

我认为将"胡德"号及"皇家方舟"号闲置于直布罗陀港口并非明智之举，因为这两艘战舰在那里很容易遭到岸上的轰炸。

这两艘战舰所加的燃料，要确保能供其出航、返航以及做短暂逗留。

现在事情进展得如何了？

1940 年 6 月 23 日

首相致伊斯梅将军：

雷诺先生已经郑重承诺将在法国被俘的德国飞行员遣送至我国。你是否接到相关消息？

1940 年 6 月 24 日

首相致外交大臣：

这样一来，就无须在今日或者明日告诉罗斯福总统驱逐舰一事了。显然，法国舰队的动向会影响他的举措，但是我认为法国舰队还是有可能归顺的。现在我还在犹豫是否可以召开参谋委员会。因为我在想，一旦此时召开会议，美国方面将很有可能把会议重点集中在将英国舰队转移到大西洋基地的问题上。正当所有人都在为崇高的目标奋斗时，任何此类的讨论都会打击我们的自信。关于驱逐舰和飞艇一事，不久之后我会亲自给总统发电报解释的。

1940 年 6 月 24 日

首相致殖民地事务大臣：

由于巴勒斯坦地区的犹太人自行武装，你的前任对其给予了残酷惩罚。因此，为了保护他们，我们必须在该地区派驻一些士兵，本来这些兵力是可以用在别处的。请确切告诉我，犹太人有哪些自卫的武器和组织。

1940 年 6 月 25 日

首相致军需大臣：

感谢你 6 月 22 日发来电报，建议增加进口美国钢材的数量。据我了解，由于法国将合同转给我们，我们下个月的钢铁购买量将增加一倍以上，而我们现在每月的购买量就已经达到了六十万吨。这是让人满意的现状，我们要保证从美国那里能买多少就买多少。

1940 年 6 月 25 日

首相致外交大臣：

我认为，提出在战争结束时"讨论"直布罗陀问题的建议，对我们来说是百害而无一利的。西班牙人清楚，假如我们赢了，那么讨论就没有结果；假如我们输了，那么讨论就没有意义了。我相信，这些言论是不能影响西班牙的决策的。

1940 年 6 月 26 日

首相致伊斯梅将军：

尽管我们对法国海军的政策很明确，但是我仍乐意听听海军部预计会出现的后果，包括法国的敌对态度，德国和意大利夺取了我们未能夺取的那一部分法国海军。希望在下周日我能得到海军部的说法。

1940 年 6 月 28 日

首相致伊斯梅将军：

这个（民工①）数目让人很不满意。那天我在内阁会议上说民工有五千到七千人时，其他人很肯定地告诉我这只是实际雇佣民工数量的冰山一角，实际数目可能要接近十万，并且在周末之前还会有更多的民工加入。而现在我们只有四万人。请你就此事给我一个详细的解释。

如果因为忘记雇佣民工而耽误了战斗部队的训练，那真是非常不

---

① 修筑防御工事的民工。

明智。

下周一的内阁会议上必须讨论这个问题。

1940 年 6 月 28 日

首相致内政大臣：

请将你所逮捕的知名人士的名单交给我。

1940 年 6 月 28 日

首相致林德曼教授：

假如我们能拥有大量全天候可以投入使用的由雷达制导的多管火箭发射器，以及在白天可高效使用而在月夜或月光下效果虽较差但仍能投入使用的近炸引信，这些武器对抵抗空袭将会起决定性的作用。所以研制具有以上几种功能的武器是我们目前最迫切、最重要的目标。虽然我们在各方面距离这个目标已经不远了，但还是有很多困难。请将你们对此事的看法和目前的进度情况做个汇总，以便我授予你优先权，推动进行研制工作。

1940 年 6 月 29 日

首相致林德曼教授：

依我看，我们的封锁线大部分已被毁。在这种情况下，我们手中唯一的利器就是向德国发起大规模的空袭。

不久的将来，我们就不必在法国驻兵，不用再向法国供应牛肉、煤炭等。如此一来，我们就能松一口气。请你将具体的处理方式告诉我。

我们的牛肉供应受到了多大的影响？我们已经解除向法国供应牛肉的业务关系。国内军队的牛肉配给量比军工工人的牛肉配给量还多，这实在令人不解。已发生的事情也会影响冻肉与鲜肉分配的复杂问题，不过目前我还不能确定在哪方面会受到影响。

1940 年 6 月 29 日

1940 年 7 月

首相致伊斯梅将军：

若几百名德军乘坐军用运输舰登陆泽西岛或格恩济岛一事是真的，那么我们应该制定计划，在晚上秘密登陆这两个岛，击毙或者俘虏这些侵略者。这个任务由突击队完成。从当地军民或者从岛上撤离的人群中获取所有必要的情报应该是毫不困难的。在这次战斗中，敌人只能通过运输舰运送增援部队，如此一来，这就给我们的空军战斗机创造了一个绝佳机会。请你拟定该行动的计划。

1940 年 7 月 2 日

首相致外交大臣：

我们公开、积极地推行援助戴高乐的所有政策；而一大帮依附贝当政府的有影响力的法国人士在我国以及法国驻我国的军事人员中恣意地宣传，以此反对我们的政策。这是我不能容忍的。尝试在摩洛哥成立一个法国政府办事处、控制"让·巴尔"号以及其他舰艇、在摩洛哥展开一场战役、在大西洋建一个军事基地，在我看来，这些都是极其重要的。原则上，内阁非常赞同这个尝试，并且，除非是技术细节无法实现，否则我不会轻易放弃这个尝试，转而采取早就证明了会损害我们利益的消极防卫政策。

1940 年 7 月 3 日

（限即日行动）

首相致海军副参谋长及海军助理参谋长：

如今德国已占领了所有法国海岸，那么你们在英吉利海峡护航方面有什么安排？请你们将计划当面交给我。昨日，我们的护航队遭到了敌人飞机和快速鱼雷艇的袭击，损失惨重。我希望今天早晨能保证局势得到控制，空军也能有效地协同作战。

1940 年 7 月 5 日

首相致海军大臣、陆军大臣及空军大臣：

（由爱德华·布里奇斯爵士执行）

有人曾向我反映，非战时内阁的"高级"官员不能多了解军事方面的进展，高级官员很不乐意。如果负责军事的大臣们轮流和这些高级官员座谈、回答问题，向他们解释目前的总体战况，那么好处还是很多的。如果每周要开一次会，那就意味着每一位军事大臣每三周要和这些高级官员会谈。我认为，这对你们来说并不是沉重的负担。不要和任何人说我们未来的作战计划，作战计划只能让少数圈内人知道。不过可以和他们多说一些过去的事和现在的状态。因为预计你们会同意以上建议，所以我授权了爱德华·布里奇斯爵士下发指示。

1940 年 7 月 5 日

首相致雅各布上校：

请你于今日向联合参谋部索要一份有关敌人进一步空袭或者登陆的详细报告，并于今晚交给我。

1940 年 7 月 6 日

首相致飞机生产大臣：

当前战局紧张，急需战斗机；在粉碎敌人的进攻前，生产战斗机是我们的头等大事。但当我思考如何获得此次战争的胜利时，我只想到一个可行的办法。我们没有可以战胜德国军事力量的陆军部队。我们的封锁线也已经被打破；希特勒可以从亚洲获得物资，也可能会从非洲获得物资。假如他从此地撤离并不再侵略此地，那么他将会转而进攻东方，我们无法阻止他。但是有个办法可以让他回头，并将他打倒，那就是在英国用重型轰炸机对纳粹大本营进行破坏性和毁灭性地轰炸。通过这个办法，我们一定可以打败德国，除此之外，我想不到其他的办法了。我们的最低目标就是获取制空权。我们何时才能获得制空权呢？

1940 年 7 月 8 日

首相致空军大臣：

总体来说，轰炸机好像损失严重；前去轰炸不来梅的轰炸机，只有六分之一返回。这的确令人担忧。目前，有两件事我们可能会付出惨重的代价：1. 侦察德国港口以及由德国所管制港口和河口的情况；2. 轰炸我军侦察时发现的驳船和集结的船只。除此之外，对德国的远程轰炸要遵循以下原则：既要不间断轰炸，又要节省飞机和机组人员。目前我们的轰炸机部队还不多，所以最重要的是要建立大批的轰炸机部队。

1940 年 7 月 11 日

首相致内政大臣：

我认为，你可以拟定一份议案，即，凡是在当前战争期间，对于任何未经国务大臣批准而擅离职守超过 6 个月的议员，应撤销其议席。

1940 年 7 月 11 日

首相致伊斯梅将军：

关于仿造并安装小型圆形掩体的工作进展得如何？这种掩体可以安置在机场中心，用压缩空气瓶将其升到两三英尺高，就如同一个控制机场的迷你塔台。上周视察兰利机场时，我第一次看到这种掩体。这似乎是抵御伞兵的一个绝佳办法，应大力推广。希望你拟定一个计划交给我。

1940 年 7 月 12 日

首相致陆军大臣：

如今正是你在部队中发挥管理能力的时候：将小徽章和识别符号分发给各单位，他们可喜欢这些玩意了。我曾见过驻伦敦的爱尔兰士兵佩戴绿色及孔雀蓝色的丝穗。制造铜徽章不会花掉我们太多经费的，因为所花费的金属不值一提。我们应鼓励所有团队的士官佩戴功勋标志。法国军队特制了一种非官方的军团徽章，送给了人民。我很欣赏这种做法，并确信这会让在战争中艰苦奋斗的官兵们感到高兴。我很高兴你整改了军乐队，但是什么时候才能听到他们在街头演奏呢？在利物浦以及格拉斯哥这样的城镇，就算是小型阅兵游行对我们也是极有好处的；总之，凡是部队所在地，一有时间就应该设法进行军乐队表演。

1940 年 7 月 12 日

首相致伊斯梅将军，转参谋长委员会：

1. 通过与意大利军队的接触，我们越发觉得，我们应该可以从海空两方面向意大利本土发动一次更为猛烈的攻击。看来我们的舰队在马耳他自由航行也是行得通的。我们要拟定一个计划，用各式高射炮和飞机增强马耳他的空防。马耳他岛曾被认为是适合"投弹人"在空中布设雷区的地方。最后，光电引信可在 8 月底制成，这个光电引信在白天使用效果良好。如果我们有一支强大的空军部队，那么我们的反击就不会那么艰难了。

2. 请你立即制定计划，以最快的速度加强马耳他岛的防空力量。希望你在三日内将计划交给我，并附上该计划的预计期限。在大炮送出之前，请通知马耳他岛将炮位准备妥当。

1940 年 7 月 12 日

首相致伊斯梅将军：

麻烦你将以下通知转达参谋长委员会：

英王陛下的政策是：把驻英的法国部队打造成可在海陆空作战的优良部队，并鼓励他们自愿与我们并肩作战，给他们很好的关照，满足他们诸如悬挂法国国旗等情感需求，并将他们看作是这次战争中的法国代表。参谋长委员会有责任促使这些政策有效地实施。

驻我国的波兰、捷克、比利时部队以及反纳粹集团的外籍军团也适用同样的政策。不能以管理不便这个借口阻碍这项国家政策的实施。大不列颠正独立作战，使这场战争具备国际意义很有必要，这样能大

大增强我们的力量。

我希望你能保证该项政策得以全力实施。我发觉奥林匹克的状况非常糟糕，不用想就知道志愿军中的一些军官正给法国士兵浇冷水。如今有一个帮助法国人的机会：帮助他们取得 7 月 14 日庆祝活动的圆满成功，法国人在当天要给福煦的塑像敬献花圈。

1940 年 7 月 12 日

首相致伊斯梅将军：

请你提醒海军部，这些舰艇对我们十分重要，尤其是"西方王子"号。这艘舰艇的速度如何？如果我们损失了这五万支来福枪，这将会是一场灾难。还要请你提醒海军部，让他们留意在 7 月 8 日至 12 日间在纽约起航的护航舰队会带来何种巨大影响。各种护航舰队何时会进入危险地带呢？这些舰艇何时到达目的地？请你就即将采取的措施写一份报告给我。

1940 年 7 月 13 日

首相致爱德华·布里奇斯爵士：

我接到各方人士的建议，他们建议择日再举行蒙羞祈祷日的活动。你能否私下打探一下天主教对此事的看法？

1940 年 7 月 13 日

首相致伊斯梅将军：

我认为此刻每个人都应该检查一下自己的防毒面具，这非常重要。我料想很多防毒面具都需要仔细检查，因为希特勒很可能向我们实施毒气计划。请你思考一下我们应如何着手这项十分必要的检查工作。务必立即采取行动。

1940 年 7 月 14 日

首相致伊斯梅将军，转空军副参谋长：

对于你提出的在本月月盈期间轰炸敌军的方案，我非常赞成。然而，我不清楚为何我们在基尔运河不能得到好的结果。基尔运河的战略位置极其重要，因为基尔运河可以阻止敌军精心安排的舰艇和驳船从波罗的海出发，以此实现其侵略的目的。我听闻，你在该地投放了大量炸弹，但是未见成效。希望你将过去的做法告诉我。一共进行了多少次空袭，投放了多少炸弹，为何如今运河依然在运作？你能否制定一个能改善未来战况的计划？当然，这是非常重要的事情，尤其是在当下这个时期。

1940 年 7 月 15 日

首相致伊斯梅将军：

要确实做到在十四英寸口径的大炮上面加装防护设备，使其免遭轰炸。也要像沿海架设的六英尺口径的大炮一样，在其上方安装钢架，并覆上沙袋。所有武器都要伪装起来。有人会告诉你，大炮使用一百二十发之后就必须更换。那么这时，必须拆卸钢架，待更换大炮后再重新安装。想必这不是什么难事。

1940 年 7 月 15 日

首相致伊斯梅将军：

请催促陆军部继续通过建立工兵部或者其他办法组建外籍军团。请你每周向我递交相关报告。

1940 年 7 月 17 日

首相致内政大臣：

我既不打算让大孩子，也不打算让小孩子给麦肯齐·金先生送信。

如果我要派人送信去的话，那说明我极力反对此时将部队从本国撤走。[①]

1940 年 7 月 18 日

（限即日行动）

首相致内务大臣：

最近，我注意到全国各地的长官和各级法院根据法案以及规定，处理了很多关于泄露机密的案件。国王陛下有意赦免那些对国家没有恶意或者没有造成严重危害的人，所以所有这样的案件都应由内政部重新审理。请你选出几件公众曾经关注的案件，并公开宣布赦免犯人。你可以给当地法官必要的指导，毕竟没有你的指导，他们是很难领会议会的意图和目的的。

1940 年 7 月 19 日

首相致海军大臣及第一海务大臣：

我曾提醒你们要注意这种危险。我认为，"胡德"号不应该停泊在直布罗陀港任由敌人时不时地投掷手榴弹。不管有没有"英勇"号和"坚决"号的护航，"胡德"号和"皇家方舟"号都应出海巡航。倘若西班牙的战况没有进一步恶化，这两艘船可以返回原地加油或者执行其他任何任务。请你将有关报告交给我。

1940 年 7 月 20 日

首相致外交大臣：

关于中日两国达成公平、公正以及光荣的和平协议一事，你是否也认为我们不应该操之过急？蒋介石不想要这种和平；亲华人士也不想要这种和平；并且这种和平对于我们解决缅甸公路的难题没有益处，

---

① 二战时英国政府发起的关于将儿童撤至加拿大及美国的计划。在"贝拿勒斯城"号于1940年9月17日被潜艇击沉后，这个计划就放弃了。

反而会使得情况更加糟糕。因此，我确信如果日本摆脱了他们现在的烦恼，对我们是没有好处的。可否将此事置之一旁一个来月，待我们看个究竟？

1940 年 7 月 20 日

首相致陆军大臣：

你也许要好好看一下这封韦奇伍德写的关于"伦敦防务"的信。依我看，只有攻击达到五百名伞兵或者第五纵队的规模时，才需交由中央政府考虑应对。如当前的计划是什么？需要应付多大规模的进攻？

或许你能帮帮乔斯。他是一个心胸开阔的人。

1940 年 7 月 20 日

首相致国务大臣：

我对获取到的情报深表怀疑：我们是否正在合理开发国内的木材资源。

的确，这是军需大臣该管的事情；我也知道他已经针对这一问题在部门内做了一些调整。

1940 年 7 月 20 日

首相致伊斯梅将军：

请你就政府以及白厅等机构的防御计划写一个说明并交给我。我们要抵御的攻击规模有多大，又是谁负责这个计划的呢？在圣詹姆斯公园设置反坦克障碍的理由是什么呢？这是谁的命令呢？将于何时撤销这些障碍呢？

1940 年 7 月 21 日

首相致伊斯梅将军：

据我所知，如果机场内有更多的油罐车，那么战斗机的加油速度就会快很多。由于战斗机在空中作战的每一分每一秒都是宝贵的，所以我非常希望立即采取措施，使飞机加油速度增加一倍或者在机场增加油设施的数量。

1940 年 7 月 23 日

首相致陆军大臣：

我曾问过你加拿大第二师在冰岛所做的一切是否都是徒劳的，然而你还没有回复。

1940 年 7 月 23 日

首相致陆军大臣：

1. 无疑，我们要竭尽全力地秘密取得所有被德军攻陷的国家的尽量详细的情报，与当地居民取得密切联系，安插间谍，这又是一项紧急而又不得不做的工作。我希望经济作战部新成立的机构抓住这次机会，将工作做得尽善尽美。这种工作不具有军事行动的性质。

2. 如果我们用愚蠢的方法干扰沿岸国家，也就是此前用在布洛涅及格恩济岛的那种政策，那将是最不明智的做法。我们不能搞小动作，也不要发布令沿岸居民厌恶的公告，以免使他们与我们作对。

3. 罗杰·凯斯爵士正研究实施中等规模袭击计划，即五千人至一万人规模的所有计划。这个冬天就可以向法国海岸进行两三次这种规模的袭击。待到敌人侵略的危险减少或者消失时，罗杰·凯斯计划的书面材料也已经完成，我们就可以共同商讨，并命参谋人员做好周详的准备。如果这种中等规模的袭击行动能顺利实施，那就没有人反对我们的小股部队干扰法国海岸了。

4. 我们要计划在 1941 年的春天和夏天发动大规模装甲部队的突袭行动。为此，我们已经准备好了物资，只需要研究实施的可能性，在 8 月末之前还无须就此事向参谋部下达命令。

1940 年 7 月 23 日

首相致伊斯梅将军，并转参谋长委员会：

除了（可以先当步兵的）反纳粹的德国人，应给所有的外籍军团发放来福枪和弹药。究竟是让国民自卫军换成美国制造的来福枪，将之前使用的那些英国制造的军用来福枪给外籍军团还是直接把美国制造的来福枪发放给外籍军团，相信你们已经思考过这个问题了。总的来说，我比较倾向于前一种方案。武装波兰军团和法国军团迫在眉睫，因为不久的将来我们需要他们到国外作战。对于来福枪发放的优先权，外籍军团的国民自卫军优先于英国军队。就算是从我们的经费中拨款，也要给他们中的小部分人配备轻机关枪。向他们提供大炮的事情进展得如何了？给他们分配几门七十五毫米口径大炮就好了。请尽量将波兰军队训练成熟。请每周就人数和武器送一份报告给我。

1940 年 7 月 24 日

（限即日行动）

首相致海军大臣、第一海务大臣及海军副参谋长：

我不禁觉得，在入侵者登陆地区部署水雷这一计划的意义，远比我三周前提到此事时海军参谋部所认识的意义还要深远。在此期间，我送去便函，此事还需要再斟酌。

如果侵略部队在夜晚或者早晨登陆，小型舰队就会从后方攻击；而这些小型舰队则会遭到猛烈的空袭，这就将是空战的一部分了。然而，假如我们在夜幕降临以后，在靠近海岸的地方布置一层或者一道水雷，以此切断对登陆地区的一切支援。一旦布下了这些水雷，就无须畏惧空袭，小型舰队也无须在第二天返航，这样可以避免空袭和防御空袭所带来的损失。如果采用了使用小型舰队或敷设水雷以外的方法，我觉得那就太缺乏远见了。敌人可能在多处海滩登陆，你们可以用水雷封锁其中一处登陆点，集中攻击另一个登陆点。当然，如果敌人是在一处港口登陆而非一处海滩，那么用以上的方法效果会更佳。

请密切关注此事，并报告哪些舰艇可供使用，或者还需多久方能将这些舰艇准备妥当或者改装好。

1940 年 7 月 25 日

首相致海军副参谋长：

请你就用水雷及障碍物封锁德国、荷兰及比利时港口一事，写一份报告给我。

1940 年 7 月 25 日

首相致外交大臣：

应郭先生①之请，昨日我接见了他并真诚地向他解释了滇缅公路的情况。我将外交部交给蒋介石的信的内容口头告诉了郭先生。他当然急于要我承诺三个月的期限到了之后，我们将如何处理。我说，一切要依情况而定，并且我也无法预测。我向他保证，我们绝不强迫蒋将军违背他个人的意愿和政策，而要求他接受条件或者谈判。虽然郭先生还是有些忧虑，但是看起来对我的解释还算满意。

1940 年 7 月 26 日

首相致财政大臣：

既然罗马尼亚使用英国的物资强大自身，难道我们不应该向罗马尼亚方面表明，我们要用罗马尼亚的冻结资金来补偿我国人民？我知道，大约在六周前，你已经将罗马尼亚在伦敦的财产冻结了。他们对待我们实在是太恶劣了。

1940 年 7 月 28 日

1940 年 8 月

（限即日行动）

---

① 郭泰祺（1889—1952），1940 年后任国民政府外交部部长。——译者注

首相致海军大臣及第一海务大臣：

由于日本采取威胁的态度，所以我们目前的重中之重是获取"俾斯麦"号和"提尔皮茨"号的行踪。请将最新情报交给我。我认为，空军应全力轰炸这些舰艇，使其失去战斗力，否则它们接下来几个月的活动对我们会是一个威胁。

倘若日本对我们宣战，或者迫使我们作战，我认为你应该派出"胡德"号、三艘装有八英寸口径大炮的巡洋舰、两艘"拉米伊"级战列舰及十二艘驱逐舰前往新加坡。

请你将已经完工的日本战列巡洋舰的图例（也就是结构细节图）交给我。

1940 年 8 月 1 日

（限即日行动）

首相致海军大臣及第一海务大臣：

关于舰艇，请你们一定不要安排它们分布得太广，但是，对于海军部提出的能缓解紧张局势的原则，我本人是完全赞同的。我原以为"胡德"号的威慑力会比"声威"号的大。有多大的可能会空袭"俾斯麦"号及"提尔皮茨"号，请就此事给我一份报告。在我看来，这是其中采取的至关重要的措施之一。除此之外，关于日本的军事冒险行动，目前没有必要采取任何新的举措。

听闻我方的三艘油轮在托利岛附近被击沉，我对此事非常关注。我想让你从东海岸派几艘驱逐舰到那里去。但是，我们最好等到 8 月份月盈期以后。在此期间，美国的大炮和步枪也要分发到部队了。

1940 年 8 月 2 日

（即日行动）

首相致伊斯梅将军：

1. 空军部计划扩招飞行员并对他们进行训练，审查这项计划的进展是我下周必须要落实的主要工作之一。

2. 计划在秋季向部队讲授战术课题，请就此事给我一份报告。

3. 关于收集各种废铁这件事都做了什么准备？请用一页纸就今年做的一些工作进展给我一个简短的说明。

4. 我在海军部工作的时候，就对船舶打捞修理处的工作产生了极大的兴趣，四个月前我还在那里主持召开了一次会议。那时还是海军的一名官员，迪尤尔上校负责管理船舶打捞修理处。请给我一份报告说明自那天以后海上救援工作的进展情况。

5. 一旦我们遭到侵略，防空大队及警察能起到什么样的作用。关于这一点，我也希望能在这周达成一致意见。此事起初是由掌玺大臣负责处理的。与此同时，同意将防空大队成员调入国民自卫军，并让他们参与战争一事，我们还应加以考虑。防空大队人员的工资已中断或限制到什么程度了？对于他们的工资要继续加以限制。

6. 请就建立坦克师的进展及未来的计划给我一份报告。截至 1941 年 3 月 31 日，我们应该有五个装甲师，到 5 月末应该再添加两个。请告诉我以现在的人力物力距离完成这一目标还有多大的差距，也请告诉我关于装甲师的编制和组织有什么最新意见。请用一页纸表明所有的要点和次要点。

1940 年 8 月 2 日

首相致伊斯梅将军：

继续为国民自卫军赶制制服是非常重要的事情。请告诉我交付制服的预期时间。

1940 年 8 月 2 日

（限即日行动）

首相致海军大臣：

一发现敌舰就将其击沉，或者在船员的安全得不到保证的情况下就击沉敌舰，对于以上这两种情况我本人都持反对意见。除此之外，如果由于空袭或其他的军事原因不能将俘获的船只作为战利品带进港

口，则没有理由反对将敌舰击沉。显然，击沉敌舰有不利之处，它还
会让我们损失珍贵的吨位。我不理解的是，在二十次的行动中有十九
次海军部都不按常规方法派船员到船上把它驶回来。我不反对"赫尔
米恩"号①采取的行动，它符合上述提到的总体性原则。

1940 年 8 月 2 日

首相致爱德华·布里奇斯爵士：

内阁应该尽早考虑假期和缩减工时的问题。认为我们已经度过了
危险期的结论还下得为时过早。告诉工人们他们已经很累了，这是非
常错误的做法。工人们肯定会有一定程度的放松。请与贝文先生、比
弗布鲁克勋爵及军需大臣交流一下，以便在内阁交谈时能够以他们的
观点作为参考。我也想知道如何安排文职官员和各位大臣及高级军职
人员的假期。此事一定要做安排，但是，在这种祥和的氛围中，我们
也要注意防止敌人突袭。

1940 年 8 月 2 日

首相致掌玺大臣及内政大臣：

莫蒂斯通勋爵关于我们遭受侵略时警察应尽的职责做了一个备忘
录，并在其中提出一个非常棘手的问题，这个问题必须要快速解决，
备忘录我已随信附上。如果真的实行这种警察制度，即只要是在被侵
略地区，警察就阻止人民抵抗敌人，并且放下武器，甘愿成为敌人的
仆人，我们肯定不会实行的。我承认，我自己还没有想出切实的办法
修订法规。但是，原则上，警察应该随同陛下的最后一支部队作战
到最后一刻。这种作战方法对防空大队和消防队等同样适用。防空
大队和消防队等也会在其他地区开展工作。也许从侵略爆发的那一
刻开始，警察、防空大队、消防队等就应该把自己当作军事力量的

---

① "赫尔米恩"号是一艘希腊小轮船，1940 年 7 月 28 日在运送军事物资去意大利的
途中，在爱琴海受到英国巡洋舰的截击。在截击时，英国巡洋舰遭到飞机的袭击。于是，
英舰将"赫尔米恩"号击沉，让船员登上靠近陆地的小船。

一部分。

1940 年 8 月 3 日

首相致伊斯梅将军：

　　所有关于法国或其他被占领国家的情报都交由莫顿少校查看，他负责报告给我，一定要落实这一指示。

1940 年 8 月 3 日

首相致陆军大臣：

　　我们将来很有可能会借用戴高乐将军的部分兵力。所以，完善他的三个营、坦克连和司令部的装备就成了最重要、最紧急的事情了。显然此事已经着手进行了。但是，如果你能尽你所能，加快行动，并且告诉我昨天见到莫顿少校的备忘录后情况有何改变，我会非常感激的。

1940 年 8 月 3 日

首相致爱德华·布里奇斯爵士及其他有关人员：

　　1. 我认为，不管生产委员会同不同意，劳工大臣都应该向内阁提交关于工厂工作和全体员工假期的通知。我们一定会给员工放假，但不要营造出放假的氛围。因此，我们表明"正在尽力安排假期交接班"或类似于这样的话，好像只有这样才会令人满意。

　　2. 我赞同霍勒斯·威尔逊爵士给各部门的信函内容。霍勒斯·威尔逊爵士是按照我的指示写的。

　　3. 如果你能调整各部门的假期安排，并且能确保为政府中心区的高级军官做出同样的安排，我会非常开心的。

1940 年 8 月 3 日

首相致爱德华·布里奇斯爵士：

　　关于第一次在多佛尔使用带铁丝的不旋转投射弹布置空中雷区的

报告，我已随信附上，并且交由同僚们传阅。这种武器极其重要，并且会对地空的防御方面有决定性影响，尤其是在容易遭受俯冲轰炸的船只和港口方面。

1940 年 8 月 4 日

首相致林德曼教授：

在战争进行到第二年的时候，你有什么方法能让讨论焦点放在粮食、航运和农业政策方面呢？我原想着运输吨位（运粮食）会有一千八百万，所耕土地会再增加一百五十万亩，并让粮食部提交一份关于增加给养和进一步做好粮食储备的计划。

1940 年 8 月 4 日

首相致空军大臣及空军参谋长：

由于日本的危险军事举动，击毁德国主力舰的任务就变得更加重要了。我知道，空军打算只要月光充足，就对这些船只发起猛烈攻击。停靠在基尔运河码头的"沙恩霍斯特"号和"格奈森诺"号，汉堡的"俾斯麦"号和威廉港的"提尔皮茨"号都是此次攻击的极其重要的目标。即使"俾斯麦"号仅耽搁几个月，都会严重影响海上力量的整体平衡。期待你们的回信。

1940 年 8 月 4 日

首相致伊斯梅将军：

无论是从数量上还是质量上，我对从法国的非占领区传来的消息都不满意。看起来我们与这些地区切断了联系，这与我们和德国的情况一样。我不希望送来的报告是经过情报机构的筛选摘要的。现在莫顿少校会替我审查，然后把他认为有价值的交给我。他会看所有的报告，并且交给我权威的原件。

另外，就改善和开展有关法国方面的情报，继续保持情报人员的流动方面，我期待你们能提出建议。必要时海军方面可以提供帮助。

就维希政府来说，我们获得如此少的情报没有什么值得称赞的。美国、瑞士和西班牙的情报人员利用到何种程度了？

1940 年 8 月 5 日

首相致伊斯梅将军：

二十个一组、十个一组、五个一组的多管发射器和单管发射器的订单有多少？

1. 普通火箭；
2. 空中布雷；
3. 光电引信；
4. 无线电引信。

在订购中？以上发射器在接下来的六个月中预计能交付多少？

光电引信不久可能就会使用到架设在英国军舰上的多管发射器上以代替空中布雷。这就需要对发射管做出调整。应该要求海军部及早地研究，以便在需要改变的时候能立即把新发射管安装在英国军舰现有的炮架上。

也应要求海军部提交一份报告，说明研究用军舰的大炮发射短程空中布雷的进展情况。

在离开海军部之前，我希望能把这方面的情况重新梳理一下。

1940 年 8 月 5 日

首相致矿产大臣：

听说你在夏天贮存了大量的煤以备冬天使用。我想知道这个非常明智的预防措施已经进展到什么程度了。去年 1 月份的时候煤非常短缺，我们也很焦虑。我希望你能采取预防措施。

1940 年 8 月 6 日

首相致陆军大臣：

黏性炸弹现在已经开始大批量生产，请告诉我是怎么样使用它训练士兵的？

1940 年 8 月 7 日

首相致伊斯梅将军：

请向军需大臣要一份关于各项进口产品计划的说明。这些要征求林德曼教授的意见。请让我看一下。

你还没有给我下一年的整体战争计划。

1940 年 8 月 9 日

首相致陆军大臣及帝国总参谋长：

我发现，国民自卫军第一师配发装备的比例比我预想的还要高，第一师本应沿海滩分布驻扎，而不是留在后方，以备反攻之用，这是怎么回事？现在有几个师闲着没有上前线？安排配备有精良武器的各个师驻扎在海滩周围的理由是什么？

1940 年 8 月 9 日

首相致比弗布鲁克勋爵：

要么放缓飞机生产，要么就减缓坦克生产，如果非让我从中选一个的话，我宁愿牺牲坦克。但我认为情况还没有到这种非要二选一的地步，因为这两种武器的生产交叉的地方不多，即使是有，也能做调整。从你的话里我推测，你认为能与军需大臣商议办理。

1940 年 8 月 9 日

首相致新闻大臣：

让戴高乐将军经常在广播中用法语发表讲话，并尽可能地将法语的宣传转播到非洲。有人告诉我说比利时人会获得刚果的援助。

还有其他办法能将我们和戴高乐之间达成的协议转送到西非电台吗？

1940 年 8 月 9 日

首相致伊斯梅将军：

请每周给我一份关于向国民自卫军交付美国七十五毫米炮和零点三英寸口径步枪的回执表，并让他们上交"李－恩菲尔德"式步枪。请立即着手去办。

1940 年 8 月 10 日

首相致伊斯梅将军，转参谋长委员会：

参谋长委员会和本土防御部队总司令开完会之后，首相希望参谋长委员会能就驻守海滩的部队和后备队的小型武器的弹药情况向他做个报告。

1940 年 8 月 10 日

首相致矿产大臣：

我相信你会充分利用出口市场的停滞来提高全国的物资储备量。我希望你能加紧去办，特别是在关键的煤气、水和电厂方面。我了解到水和电的供应量大概增加了百分之二十；要均匀分配这些物资储备，一定不要犯错，他们早晚都用得着。

我要给运输大臣发一份备忘录，让他注意铁路的情况。

法国沦陷、我们丧失了四分之三的出口市场，这些都在很大程度上打乱了你的计划，肯定也会对你们部门造成巨大的压力。你尽心尽力地提高生产，然后又让你解释这突如其来的萧条，这对你来说很困难。但是，我相信人们会理解的。事实上，你告诉过我肯特郡矿工的坚忍不拔的态度是一种精神鼓舞，我相信这种精神也会鼓舞全国的工人们。

1940 年 8 月 11 日

首相致新闻大臣：

考虑到我们为戴高乐将军准备的一系列活动，其中最重要的就是要最大限度地向北非和西非广播法语新闻。请一定要让英国广播公司

遵循这个要求，并在周一所有都安排妥当后给我一份报告。

你完全有权让英国广播公司听从你的安排，这一点我不用再过分强调。

1940 年 8 月 11 日

（限即日行动）

首相致运输大臣：

敌人轰炸，港口封锁，这些事情给你部所造成的困难，你有什么应对措施？请给我一份详细的报告。

通常情况下，我们有四分之一的进口物资是经伦敦港进来的，五分之一经默尔西河，从南安普敦、布里斯托尔海峡和恒伯河各进口十分之一。这些入口会被全部或者部分封锁，有时一次一个，有时一次几个，我们必须要正视这种局面，但是我相信，对于这些突发事件，你已经制定出相应的计划了。

由于船舶的增加，港口设施和公路设施不完善的问题更加严重，而后者对工作造成的影响更大。所以，做好应对各种可能的突发事件的准备就变得尤为重要了。

1940 年 8 月 11 日

首相致爱德华·布里奇斯爵士：

如今，是否应在军需部下设置木材管理局？

关于目前木材的安排及政策，请向军需部要一份简要报告。

1940 年 8 月 12 日

首相致掌玺大臣和马杰森上尉：

概括地讲一讲议会休会第一年还有新政府的前三个月的战争情况，这对我来说可能很方便。人们也希望我这样做，我想 20 日，也就是星期二会是最合适的时间。这个当然是要在公开会议上讲。也许你们能给我说说你们的意见。可以在这周合适的时间发出声明。

如果届时能够录音，然后在夜间通过无线电将整个演讲或者大家都觉得感兴趣的一部分传送出去，会给我省去很多麻烦。如果不做出决议可以这样安排吗？如果不能，那么这周能否通过一个这样的决议？我想下议院不会反对的。

1940 年 8 月 12 日

首相致内政大臣：

关于近来内阁的几项决议，我的看法与提交的草案（关于在敌人入侵时对警察的指示）并不一致。我们不期望、不鼓励非武装人员加入战斗，但也不禁止。要把警察分成战斗人员和非战斗人员、武装人员和非武装人员，对国民防空大队也要尽早做同样的安排。武装人员在作战时要积极地与附近的国民自卫军和正规军配合，必要时和他们一起撤退；非武装人员要积极协助执行对民众实行的"原地不动"政策。如果他们落入敌人的占领区，他们可以投降，交出余下的居民，但绝对不能在那种情况下还去帮助敌人维持秩序，或者给予敌人其他方式的帮助。他们要尽可能地帮助民众。

1940 年 8 月 12 日

首相致运输大臣：

我想知道铁路方面现在储存了多少煤，与正常的储存量相比如何。我们向欧洲的出口贸易现在处于停滞状态，现在应该有大量的剩余，你现在肯定会利用这个机会堆满每一个煤场，便于以后在任何情况下或者在另一个难熬的冬天，铁路方面都能很好地分配存煤。不能因为协商价格影响存储进程。必要的时候可以进行仲裁，确保煤的交易公平。

1940 年 8 月 13 日

首相致陆军大臣：

如果因为缺少装备和设备，一定要限制国民自卫军的数量，那么是不是可以组建一支国民自卫军后备队，不发给队员武器和制服，只

发臂章？他们的唯一任务就是参加训练课程，让他们在当地的组织下学会使用像"莫洛托夫鸡尾酒"① 一样的简单武器，并在敌人入侵时能传达指令。

除非这样做，否则那些被拒绝入伍的人会感到疑惑，心生失望。如此一来，成立国民自卫军的初衷，即给人们提供一个保卫家园的机会，就变得没有意义。停止招募国民自卫军可能会让许多人感到失望、挫败，我非常希望能够避免发生这样的事。

请告诉我你对这个提议有什么看法。

1940 年 8 月 13 日

首相致伊斯梅将军：

坎宁安海军上将说，适合执行"威吓"（达喀尔）计划的日期只有 9 月 12 日，如果由于暴风雪天气错过了这一天，就只能等到 27 日、28 日，并且还要在潮水和月光都适宜时才能执行。上面提到的条件大部分都有问题。坎宁安海军上将不应主张只有在潮水和月光都非常理想时才能执行计划。只要条件允许，即使不是最合适的，也要尽快开始执行。军队必须在各种天气和情况下作战。如果推迟到 8 日以后，那就真是太糟糕了。请于今日向我汇报此事。

1940 年 8 月 19 日

首相致伊斯梅将军：

我并不认同有关火焰喷射器的观点。要解决这个问题，就要考虑到其他的战争准备工作。敌人很可能不会进攻。敌人进攻时不可能排着队列，大步走过这些设备所在的小道。设立石油作战处只会无谓地浪费我们的装备。我坚信，只要有机会，什么方法都有用，但问题是会出现这个机会吗？或者它会在预期的时候出现吗？如果军队事先没有派出小队扫清道路，没有在小道两旁安排守卫的话，部队就不能

---

① 　一种瓶装手榴弹，适于攻击坦克。——译者注

通过。

1940 年 8 月 21 日

首相致海军大臣：

关于重新建造主力舰这一计划，我在等你的建议。上次召开内阁会议时，在我的推动下这个计划已经通过了。要实施这个计划，就不能抛开对钢材和工人的总需求不顾，但是原则上我是支持重新开展这个计划的。

我希望现在能有机会修缮一下被我们忽视的损伤惨重的船只，把"皇家"级舰艇改装一下，安装上厚重的装甲之后就能炮轰敌舰。这些军舰在明年攻打意大利时会用到。可惜我们现在还没有改装。当然，改装这些军舰要优先于新建主力舰计划。

1940 年 8 月 22 日

首相致伊斯梅将军：

请向我汇报杰弗里斯少校的情况。他是由谁任用的？受命于谁？我觉得他是一位有能力、有魄力的军官，应该把他提升到更高的职位。理应把他升到中校，以便给他更大的权限。

1940 年 8 月 24 日

首相致空军参谋长和空军副参谋长：

增加空中队以及能够立即参战的飞机和飞行人员的数量都是非常重要的事情。在战争爆发的这一年里，我们仅仅装备了一千七百五十架飞机，其中能立即投入使用的只有四分之三。你不能就满足于此，这比我们战前预计的可投入使用的数量还要少。

1940 年 8 月 24 日

首相致运输大臣：

我读了你的关于出口货物的备忘录，对此事我很感兴趣。

我了解到，运输大臣担心我国通过西海岸港口能否得到预期规模的供应。期待你对此事的意见。

去年冬天的寒流造成了大规模混乱，没有人担心紧急情况下铁路系统能否正常运行吗？

石油并不在食品或军需品计划之列，但石油的进口肯定也已经安排好了。和平时期我国石油进口有超过五分之二是经过伦敦和南安普敦的。我们的存储量很多，但如果为减轻铁路运输的压力而更多地使用公路运输的话，我们的消耗相应也会增加。

我想你已经与粮食大臣及军需大臣商讨过他们的进口计划了，那么万一有大的变更，可以实施备选方案。

1940 年 8 月 25 日

首相致陆军大臣：

我一直怀着极大的兴致关注着国民自卫军新突击队组织的成长和发展，它又被称为"辅助队"。

我听说这些辅助队组织周密，行事独特，在遇到敌人入侵时，它能够作为正规军的增援力量。

希望你能将事情的进展情况随时向我汇报。

1940 年 8 月 25 日

首相致海军大臣和第一海务大臣：

附送的附件表明，我们在仅仅一天的时间里就损失了四万多吨物资。我认为这个问题非常严重，内阁需要格外重视。因此，最近的损失情况及其原因，海军部应对危险会采取哪些措施，你觉得还要采取哪些必要措施，以及战时内阁在哪些方面能够协助海军部，关于这些能否请你准备一份报告说明一下。

希望你能于下周四向战时内阁提交这个报告。

1940 年 8 月 25 日

（限即日行动）

首相致伊斯梅将军：

　　请你把在斯劳发生的情况立即通知陆军部，并向陆军部指出大批集中车辆是危险的；希望能分散和隐蔽车辆；要求陆军部审查一项计划，看它能不能尽可能疏散停车场的车辆。我们也要确保停车场没有积压或剩余的车辆。如果在空袭中毁掉一千辆有价值的车辆，那将会非常遗憾。

1940 年 8 月 25 日

首相致空军大臣：

　　我星期四参观了肯利（机场），见到了大家在谈论的炮手，并发射了一枚火箭。今年年初，我主持了海军部委员会，并在会上提出使用这种遇险信号火箭的想法。因此我对这种遇险信号火箭再熟悉不过了。空军部多次提出大量需要遇险信号火箭，并利用其特权严重干扰其他不太重要的武器生产。我承认使用 P. A. C.① 火箭可能是抵御低空袭击的好方法，但是一定要把它们列入总体生产计划当中。我原以为一个月制造五千枚 P. A. C. 火箭就足够了，但是现在我同意一周生产一千五百枚，也就是一个月六千枚。如果你提过的铁丝回收计划有进一步发展，并且证明是一种有效的节约方法，那么就可以适当增加P. A. C. 火箭的生产。

1940 年 8 月 25 日

（限即日行动）

首相致陆军大臣：

（请伊斯梅将军一阅）

　　奉战时内阁的命令，陆军部负责解决延时炸弹的问题。炸弹攻击

---

　　① P. A. C. 是 "Pariachute and Cable"（降落伞和铁丝）的缩写。P. A. C. 火箭是不旋转投射弹的一种；关于不旋转投射弹，在 1940 年 1 月 13 日的一份备忘录中有所说明。

可能就是敌军的惯用手法。敌人昨晚向伦敦市内投掷了一定数量的炸弹，致使交通阻塞。他们甚至有可能把炸弹投到白厅！我认为我们应该积极应对，在大城市派足够的清除队专门处理这种形式的袭击。这些清除队一定要具有高机动性，目的是不浪费人力、物力。他们一定要能乘卡车迅速从一个地点转移到另一个地点。相信你们已经在制定一套严密办法，用来报告未爆炸的炸弹情况以及它们的投放时间，而这些信息一定要立即送到本土防卫司令部延时炸弹清除处，想必该处已经成立，或者送到其他地区的分处也行。执行这项任务危险极大，应该把完成该任务看成一件值得尊敬的事情，成功排除炸弹之后，就应该立即给予奖励。

我想看一下你制定的关于成立新部门——延时炸弹清除处的计划以及它们的人数，如果能附上一份简短的报告，说明目前已经完成的工作以及工作中采用的方法，也不失为一种好办法。相信你也接触了你所需的科学权威机构。

另一边，空军部把同样的延时炸弹用在了敌人身上，关于这一计划的详细信息，我会向空军部要的。

1940 年 8 月 25 日

首相致空军大臣：

在我们战斗如此激烈的时候你还不调整目前空运中队的规模，反而继续保持不变，我觉得你这么做不合理。我们唯一的目的当然就是提高我们的战斗机中队的后备力量和战斗力量，解决战斗机的问题。你的主导思想无疑就是"战斗力"。所有的一切都要以此为先，行政的便利或地方既定的权益都必须让路。如果我处在你的位置的话，我会一遍又一遍地搜索。看到停在亨顿机场的大量飞机时我大吃一惊，我宁愿让所有的政府人员取消乘飞机视察的安排，也不愿意以此为由就取消空中力量加入到战争中的资格。

我曾想过，亨顿机场至少能提供两个后备队的优秀战斗机中队或轰炸机中队，队员也能得到拨给他们的飞机，让他们在适当的时候练习。一有紧急情况他们就能投入战斗。

你能否不要每天都对空军的非军事方面的种种问题心存疑虑？各个基地的指挥官自然会倾向于最大限度地掌握自己的力量。海军将领也同样如此。即使你已经全面彻底地搜查过，但如果几个星期后你再回过头来巡查一遍，你还是会看到大量的收获。

我希望你能稍微考虑一下你的老朋友的这些建议。

1940 年 8 月 25 日

首相致海军大臣和第一海务大臣：

请将以下内容送至地中海舰队总司令海军上将坎宁安处：

首相兼国防大臣指示：

该指示的主要目的就是保卫亚历山大港。你们只能在马特鲁港驻扎部分军队，这一点中东驻军总司令会通知你们。要尽一切努力保住这个阵地。然而，如果这个阵地和中间的某些阵地受到威胁或情况发生变化，那么就将战线从亚历山大沿着耕种区（三角洲）向南移动。飞机经常是以每小时一百五十千米的速度飞行，并且具有足够的续航力，所以从六十千米外空袭亚历山大港不一定就没有从十千米外空袭的效果好。事实上，人们通常认为最好让飞机离战场远一点儿。飞机不会同时随着前线军队向前移动。这里的每个人都明白，亚历山大港沦陷会产生严重后果，还有可能会迫使舰队驶离地中海。但是如果你有任何建议能更有效地保卫马特鲁港或其他阵地，请告诉我，不胜感激。

1940 年 8 月 27 日

首相致伊斯梅将军，转联合计划委员会：

现在马上就要到昼短夜长的时候了，一定要重新研讨一下灯火管制问题。我同意遮蔽灯光，而不是全部熄灭灯光。要达到这个目的，就要制定一套全面的街头辅助电灯照明系统。现在整个伦敦中心地区都是靠煤气灯照明，而这些地区要优先投入使用这一电灯照明系统。

一定要研究其他大城市中心地区对于该问题的解决方法，并对当地的方案进行审查。这些灯光要可以调亮调暗，并且在发出空袭警报时最后还能熄灭。这种灯光本身就不能太亮。也要研究商店橱窗里的暗光，以便能长久使用去年圣诞节实施的便利办法。只要允许工厂在夜间继续工作、不用熄灯，就不必反对其周围地区遮蔽灯光，这样目标就不那么容易暴露。也要考虑在空防薄弱的城市，以适当的距离，在一片空地上采用诱骗敌人的照明灯光和火光的方法。

1940 年 8 月 28 日

首相致空军大臣、空军参谋长及伊斯梅将军：

我昨天视察曼斯顿机场时发现，虽然距离上一次空袭已经过去四天多了，但是飞机跑道上的大部分弹坑还没有填平，飞机场几乎不能用，我非常关注这些情况。想起德国人在斯塔文杰机场的所作所为以及他们填平弹坑的速度，我就不得不说，这种修复方法效率太低了。把空军能提供的人员算在内，总共应该有一百五十人能投入到这项工作中。这些人会尽最大努力去做。他们没有配备有效的填平弹坑的工具，这与我们想要在整场战争保持优势的想法相违背。

最多在二十四小时之内，你们应该将所有的弹坑填平，只要有弹坑长时间没有被填平这种情况，一律向上级汇报。为了确保这项工作更好地进行，有必要成立一些填坑连。比如，英格兰南部正遭受敌军猛烈袭击，你可以先在那里组建两个连，每个连由二百五十人组成。要给这些连配备有用的工具，并且要求他们具有高机动性，这样他们在仅仅几个小时内就能赶到任何被炸出弹坑的地方工作。与此同时，在受袭地区的每个机场还有之后的其他地区，在不用外部补给的情况下，当地承包商一定要积存至少能填满一百个弹坑的砾石和其他合适的材料。这样一来，机动机场修复连到达后，所有的材料在现场就都已准备好了。

前段时间，我看到德国人打算用装在木框里的石子填补弹坑。海军副参谋长在挪威战役期间就提醒我要留意这件事，也许他能给你看

看他当时发给我的电报。

现在这件事归空军部的哪个部门管？

弹坑填好之后，要做些伪装，让它们看起来像是没被填过一样，这只是对弹坑的一个修饰。

1940 年 8 月 29 日

首相致伊斯梅将军：

（转所有有关部门，包括军事部门、国内保安部、飞机生产部和供应部）

我们肯定能预想到，在空袭中会有很多窗户破碎，并且，到了冬天，玻璃短缺，如果那时玻璃还没有安装好的话，就会大大降低建筑物的实用性。

使用玻璃要特别节约。玻璃碎了，如果有可能，就只安装一两块窗格玻璃，剩下的用木板围起来。我们负担不了一整块窗户大小的玻璃。如果温室里有剩余的玻璃，那就把它们都储存起来。我在曼斯顿看到一间大温室，用了很多玻璃；但很多玻璃都碎了不能用，我对此指示说，要仔细保存剩余的玻璃。

玻璃的供应方面有什么进展？看来有必要催一催生产商了。

政府大楼应该都安装上应急窗户，这种窗户只需安装一两块玻璃板。这样，当这种窗户震坏时，还能替换玻璃。请就此事给我一份详细报告。

1940 年 8 月 30 日

首相致伊斯梅将军：

如果法属印度还希望进行贸易，就让他们表明愿意联系戴高乐将军的意愿。否则的话，贸易往来就免谈。这不是一件随便就能进行的事。要通知印度事务大臣。

现在只要与法国属地相关的事都很重要。

1940 年 8 月 31 日

首相致伊斯梅将军：

　　除了已出发的巡逻坦克外，我没有再批准往中东地区派其他的巡逻坦克。原则上，虽然派遣一支能装备一整个装甲师的巡逻坦克比较理想，但是如果中东地区需要采取进一步行动的话，只能视本土兵力的情况而定了。这件事我需要征询内阁的意见，在没有知会我之前，你们不要擅自做任何重大决定。

1940 年 8 月 31 日

首相致军需大臣：

　　很高兴得知我国的化学战用品的存储量正在增加。请告诉我现在达到的总数。化学战用品必需的容器供应也要跟上。这些容器是否足够？请催一下。

1940 年 8 月 31 日